《人力资源管理评论》学术委员会

主　编

赵曙明　南京大学

编委会（按拼音排序）

陈国权　清华大学　　　顾琴轩　上海交通大学　　井润田　电子科技大学

李燕萍　武汉大学　　　刘　洪　南京大学　　　　龙立荣　华中科技大学

孙海法　中山大学　　　孙健敏　中国人民大学　　肖鸣政　北京大学

谢晋宇　复旦大学　　　杨东涛　南京大学　　　　袁庆宏　南开大学

章　凯　中国人民大学　张志学　北京大学

学术委员会（按拼音排序）

陈春花　华南理工大学　　陈晓萍　华盛顿大学　　李　诚　台湾中央大学

沈志渔　中国企业管理研究会　王重鸣　浙江大学　　忻　榕　中欧国际工商学院

张一弛　北京大学　　　　杨百寅　清华大学

学术支持单位

中国管理现代化研究会组织行为与人力资源管理专业委员会

教育部工商管理类学科专业教学指导委员会人力资源管理专业分委员会

南京大学江苏企业人才发展研究基地

编辑部

主任：张正堂　程德俊

地址：江苏南京金银街16号，南京大学商学院安中楼1109室（邮编210093）

电话：025-83621051，83621358

E-mail：jhrm@nju.edu.cn

网站：http://njubs.nju.edu.cn/research.php/R

人力资源管理评论

Human Resource Management Review

2016 年
第 1 辑

2016
Vol. 1

目 录

同事离职对留任员工离职意图的影响研究
——基于社会比较理论的视角 ·················· 王振源 张慧萍 孙珊珊 （1）

女性股东与企业创新：企业规模和地区发展水平的权变作用 ·········· 陈嘉文 姚小涛 （12）

人力资源管理双元性、员工行为双元性与企业绩效的关系研究 ············ 苏中兴 贾君君 （24）

何时"施恩"，何时"树威"？内隐追随理论视角下家长式领导行为的诱发机制
··· 王 震 彭 坚 （35）

组织内的领地性：概念缘起、研究现状与未来展望 ·········· 刘 军 袁艺玮 陈星汶 （48）

工作动机与创造性原型启发的影响：一个有调节的中介模型
···················· 王梓阳 蒙雪平 陆春华 张 华 杨 东 （60）

Contents

The Research of the Impact of Colleagues Turnover on Stayers' Turnover Intention
——Based on the Perspective of Social Comparison Theory
.... WANG Zhenyuan ZHANG Huiping SUN Shanshan (11)

Female Shareholders and Corporate Innovation: A Resource Dependence Perspective
.... CHEN Jiawen YAO Xiaotao (23)

Human Resource Management Ambidexterity, Employee Behavior Ambidexterity and Firm Performance
.... SU Zhongxing JIA Junjun (34)

When Does Benevolent and Authoritarian Leadership Behaviors Occur: An Implicit Followership Theory
Perspective to Understand the Antecedents of Paternalistic Leadership
.... WANG Zhen PENG Jian (47)

Organizational Territoriality: Conceptual Origin, Current Research and Future Prospects
.... LIU Jun YUAN Yiwei CHEN Xingwen (59)

How the Work Motivation Effects Creative Prototype Elicitation: A Moderated Mediation Model
.... WANG Ziyang MENG Xueping LU Chunhua ZHANG Hua YANG Dong (73)

同事离职对留任员工离职意图的影响研究
——基于社会比较理论的视角

王振源 [1,2]　张慧萍 [3]　孙珊珊 [4]

(1. 华东师范大学经济与管理学部工商管理学院，上海　200241；
2. 上海交通大学安泰经济与管理学院，上海　200240；
3. 华东师范大学经济与管理学部工商管理学院，上海　200241；
4. 上海小南国餐饮控股有限公司，上海　200444)

[摘　要] 员工离职事件具有一定的传染性，当某一员工离职后，留任员工可能与之进行比较，进而产生离职意图。本研究将采用实验法，通过社会比较理论来探究留任员工产生离职意图的心理作用过程。得出结论表明：①相比于离职同事向下流动的情况，当离职同事向上流动时，留任员工的离职意图会更高。②相比于离职同事表层相似性低的情况，当留任员工和离职同事表层相似性高时，留任员工的离职意图更高。③相比于离职同事关系强度弱的情况，当留任员工和离职同事关系强度强时，留任员工的离职意图更高。④离职同事的工作流向、留任员工与离职同事的表层相似性和关系强度有交互作用，并且对留任员工的离职意图存在影响。文章结尾处进一步总结了该研究的理论创新和贡献，并且提出了若干管理实践启示以及模型完善建议。

[关键词] 离职意图；社会比较；工作流动；表层相似性；关系强度

引　言

"留才"作为企业人力资源管理的一个重要模块，在当今人才竞争的时代受到了越来越多的重视。员工离职不仅是企业资源的损失，更可能引发企业人力资源流失的链式反应。员工离职成了企业近年来越来越重视的一个棘手问题，而关于离职问题的研究也一直是管理学领域的热点议题之一 (Griffeth、Hom 和 Gaertner，2000)。

回顾以往的诸多学术成果，关于离职问题的研究可以分为两大类别：离职过程研究和离职影响研究 (Steers 和 Mowday，1981)。前者研究的是何种因素通过何种过程影响离职，后者研究的是离职行为/事件对其他因素的影响 (Donald、Ployhart 和 Shepherd，2016)。学术界对离职前因变量的研究较多，如工作满意度、组织承诺、组织自尊和工作寻找行为等 (Jiseon 和 Yong，2015；Chan、Mai、Kuok 和 Kong，2016；Maun、Nele、Kinnunen、Ruokolainen、Rantanen 和 Anne，2015；Merideth、Dawn、Boswell、Whitten、Butts 和 Michele，2016；叶仁荪、倪昌红和黄顺春，

[基金项目] 国家自然科学基金项目 (71102029，71372081，71672006)。
[作者简介] 王振源，生于1976年，男，华东师范大学经济与管理学部副教授，硕士生导师，博士、博士后，研究方向：人力资源管理、组织行为、员工离职行为。张慧萍，生于1992年，女，华东师范大学经济与管理学部硕士研究生，研究方向：员工离职行为。孙珊珊，生于1988年，女，上海小南国餐饮控股有限公司人力资源专员，硕士。

2015)。在回顾了以往学者的研究后,发现也有学者开始将离职事件作为因变量来预测其他结果变量,如组织成本(Maertz 和 Griffeth,2004)。近年来,学者们开始探究同事离职对留任员工的影响(Bartunek、Huang 和 Walsh,2008;Felps、Mitchell、Hekman、Lee、Holtom 和 Harman,2009;王振源、孙珊珊和戴瑞林,2014;王振源、吴俊红和孙珊珊,2015)。例如,Krausz 等(1999)研究了同事离职对留任者工作结果的影响(如增加工作量),并证实了同事离职对留任者的离职意图有正向影响。个别学者从社会比较的视角来研究同事离职对留任员工态度或行为的影响,如 Brockner 和 Kim(1993)从社会比较的视角研究了同事离职对留任员工工作满意度的影响。但是综观离职领域的研究,从个人心理感知视角来研究同事离职对留任员工影响的相对较少,尤其在研究同事间的传染性离职行为方面。社会比较理论引入离职模型的研究也偏少,采用实验法对同事间的传染性离职行为进行研究的文献则更少。同事离职对留任员工产生影响的心理作用机制如何,究竟对哪些员工影响较大或较小,这些问题在过去的研究中并没有得到很好的回答。因此,有关同事间的传染性离职心理方面的研究将会是一个很好的研究议题。

Goodman 和 Haisley(2006)提出人们在进行社会比较时,选取比较对象会考虑到三个方面的因素,即"计算的简易性"(Computational Ease)、"比较对象的恰当性"(Appropriateness of Referents)和"信息的可用性"(Information Availability)。本研究引入社会比较理论,选取了离职者的工作流向、留任者与离职者之间的表层相似性和关系强度作为社会比较的因素,采用实验法探究了离职员工对留任员工离职意图的影响机制。

一、研究假设

(一)工作流向对留任员工离职意图的影响

社会比较是指人们在现实生活中经常将自己的处境和地位(包括能力、观点、身体健康状况等)与他人进行比较,以此界定自己的社会特征(如智力、能力等)的一种现象。基于这一定义,学者们也将社会比较称为人际比较,这是在人类相互作用的过程中一种普遍的、不可避免的心理现象(Menon 和 Thompson,2010)。自 Festinger(1954)提出经典的社会比较理论以来,学术界对这一理论的研究颇为丰富。在组织行为学领域,研究者们对社会比较理论的研究主要集中于探索社会比较外在的过程和现象,如社会比较的参照群体的特征(薪酬等)。但是,对社会比较内在的认知过程和相应的心理机制探讨得不是很多(邢淑芬和俞国良,2005)。而侧重于社会比较的心理过程,探索同事离职对留任员工离职意图的心理作用机制正是本文研究的重要出发点。

工作流向是指员工离职进而转向其他工作单位。员工离职后找到一份更好的工作(职位更高、新公司的规模更大、员工的职业发展有更大的潜力等)即为向上流动,反之则为向下流动。Goodman 和 Haisley(2006)提出了社会比较"计算的简易性"的概念,即个体选择比较对象时会考虑从参照对象获取的信息用于评估自己的难易程度。离职者的工作流向激发了留任者的自我评估动机,并且对于留任者来说,通过对比容易衡量自己目前的工作处境。此外,研究表明,人们普遍认为工作角色和自我概念是高度相关的。同事离职后,留任者的自尊特性会使其感受到工作满意度降低,离职者的向上流动更会激发留任者与离职者的社会比较(Brockner 和 Kim,1993)。人们如果感知到同事换了更好的工作,与离职者比较自己目前的工作状况会导致自尊受损,甚至产生妒忌的心理(Salovey 和 Rodin,1984)。Veccnio(2005)的调查发现,妒忌与工作满意度、自尊及组织自尊负相关,并且妒忌会加强员工的离职意图。而且,在社会比较的过程中,个体具有把自己视为比群体中大部分人要优秀的倾向(Nabi 和 Keblusek,2014)。当同事离开组织找到了一份更好的工作时,留任员工往往也会向往好工作。他们会认为如果自己离职了也能找到一份更好的工作，从而易产生跳槽的意图（王振源等，2015）。而当同事离职后找到的工作不如自己时，留任者对自己目前的工作会表现出更多的自信，感受到更高的满意度。目前，已有大量的研究结果证实了工作满意度对离职行为和离职意图具有显著的负向影响（Blanton，2001；王雪莉、马琳和张勉，2014）。基于以上分析，本研究提出如下假设：

假设1：相比于离职同事向下流动的情况，当离职同事向上流动时，留任员工的离职意图会更高。

（二）表层相似性对留任员工离职意图的影响

表层相似性指比较双方在性别、年龄、资历和学历等显性特性上的相似性或一致性程度（Nabi和Keblusek，2014）。根据社会比较理论，信息的明确程度会影响社会比较中自我评价的结果（Brockner和Kim，1993）。Goodman等（2006）提出了社会比较"比较对象的恰当性"的概念，指出人们感受到的潜在参照对象与自己的相关性决定着他们是否会选此作为比较对象。当个体处于信息模糊或者处于有风险的情境中时，为了更清楚、准确地评价自己的能力或者观点，更倾向于从与自身相似的人身上获取比较的信息（王振源、段永嘉、王琼和许惠龙，2015）。

员工中的人际关系对离职的影响十分突出，同处于一个工作环境，员工之间会产生很多的相似性。Goodman和Haisley（2006）的研究表明，人们评估参照对象的相关性和（或）吸引力，不仅受评估此对象的难易程度影响，也受此参照对象提供的信息能在多大程度上解决他们个人需要的影响。相比于彼此任务独立的情况，在高度相互依赖的任务上工作的两个人，他们将能从彼此获取更多有关工作的信息（Goodman和Haisley，2006）。离职者与留任者之间的表层相似性越高，他们的工作内容就越相关，就越能为对方提供关于工作方面的信息。因此，离职者与留任者之间个体和工作的相似性会直接导致前者作为后者的比较对象，相似程度越高，后者越容易拿前者做比较（Brockner和Kim，1993）。久而久之，如果相似背景的同事离职后找到好的工作，会对留任员工的工作态度产生明显影响。因为变换工作本身就是一件充满不确定性和风险的事情，留任员工会从周围的人身上获取信息来评估自己是否需要寻找其他工作（Felps等，2009）。Brockner和Kim（1993）的研究表明，与离职同事的相关性越高，留任员工的工作满意度越低，从而影响留任员工的离职意图。当有相似性很高的同事主动离职时，留任者会觉察到外部流动机会的易得性，并且认为自己离职后也能找到工作，从而产生较高的离职意图。而当留任员工与离职员工之间的表层相似性比较低时，留任者几乎不会将自己和离职者进行比较，其工作满意度和离职意图受离职者的影响也较小（Felps等，2009）。基于以上分析，本研究提出如下假设：

假设2：相比于离职同事表层相似性低的情况，当留任员工与离职同事的表层相似性高时，留任员工的离职意图更高。

（三）关系强度对留任员工离职意图的影响

关系是与沟通有着密切联系的概念，指双方互动和交流的深入程度。若双方交往的时间越长、感情越深、关系越密切以及互惠服务越多，则他们之间的关系强度越强；反之，则关系强度越弱（Nabi和Keblusek，2014；Granovetter，1973）。根据社会比较理论，个体会根据比较信息的易获得性选择比较对象。当留任员工和离职同事关系密切时，容易获取关于其离职的相关信息，进而容易产生离职共鸣。此外，同事离职的过程中会给其他同事的工作产生负面影响（Krausz等，1999）。在该同事离职前，留任者在直接工作环境中接收到了许多来自该离职同事的信息，而这些信息很大一部分是关于公司或工作的负面信息，如"工作安排不合理"、"企业文化氛围不佳"等（Krackhardt和Porter，1985）。Goodman和Haisley（2006）提出了社会比较"信息的可用性"的概念，这一概念表明人们选择比较对象时会事先衡量从他们身上获得的信息在多大程度上是真正可以使用的。由于关系强度高，离职同事的信息更容易得到与其关系密切的留任员工的信任，会更容易被他们使用（Blau和Katerberg，1982）。这些负面的信息潜移默化地影响着留任者的工作态度、情绪和组织承诺。张勉、张德和李树茁（2003）也指出，个体"关系"的强弱会影响个体的态度和行为，并且"关系"对组织承诺有重要的影响。已有研究表明，组织承诺也是影响员工产生离职意图的重要因素，因此，人际关系的强弱同样会影响员工离职意图的产生（张勉等，2003）。当留任员工发现以往关系密切、互相扶持、共同发展和进步的同事离职时，他们将感到若有所失，产生不愿继续留在组织中的想法，离职意图变得强烈（Brockner和Kim，1993）。

因此，本研究认为，与离职同事关系的强弱会影响员工的离职意图。根据人际交往的情境，同事离职事件中，两个关系密切的同事其中一个人离职不免会对另一个人产生极大的影响。但当两个人关系并不那么密切时，离职者的行为与留任者的行为并不会产生较大的关联。基于以上分析，本研究提出如下假设：

假设3：相比于离职同事关系强度弱的情况，当留任员工与离职同事的关系强度强时，留任员工的离职意图更高。

（四）工作流向、表层相似性和关系强度交互作用的影响

经典的社会比较理论认为，个体进行社会比较的目的是为了获得关于自己的能力和观点准确的自我评价，了解自己的观点是否正确以及自己的能力水平，而且只有与相似的他人进行比较才能获得准确的、稳定的自我评价（Festinger，1954）。Suls和Wheeler（2000）的研究也表明，个体喜欢与比自己等级高的他人进行比较，为了与他人寻找差距，达到自我进步的目的。当个体与比自己优秀的人进行比较时，特别是身边关系密切且优秀的人，不仅对自己有鼓舞作用，而且可以获得如何提升自己的有效信息。

可以肯定的是，社会比较的因素影响的是个体的外因，只能发挥间接作用，真正的要素在于外部信息激活了个体内在的特定心理状态（Wang和Ying，2015）。离职率过高不仅会对企业正常运营产生影响，也会对员工心理产生负面影响。同事离职这一外部信息激活了留任者内在的特定心理状态，员工为了实现自我评价、自我完善和自我满足会与离职者进行比较（Wang和Ying，2015）。我们认为，当"计算的简易性"、"比较对象的恰当性"和"信息的可用性"这三个因素叠加在一起时，进行社会比较的效果会更好。员工离职的原因有很多，员工关系也较为复杂，离职同事的工作流向、留任员工与离职同事的表层相似性和关系强度会综合起来影响其比较的心理过程（Woo和Allen，2014）。如果企业群体中的某些人找到了好的工作，与留任员工的经历相似，关系强度强，则根据社会比较特性，这一离职必然会给同事带来一些躁动，使他们产生跟随而去的心理。因此，基于以上分析，本研究提出如下假设：

假设4：离职同事的工作流向、留任员工与离职同事的表层相似性和关系强度的交互效应显著影响留任员工的离职意图。

假设4a：离职同事的工作流向与留任员工和离职同事之间的表层相似性的交互效应显著影响留任员工的离职意图。即离职同事找到的新工作越好，留任员工与离职同事的表层相似性越高，留任员工的离职意图越高。

假设4b：离职同事的工作流向与留任员工和离职同事之间的关系强度的交互效应显著影响留任员工的离职意图。即离职同事找到的新工作越好，留任员工与离职同事的关系强度越强，留任员工的离职意图越高。

假设4c：留任员工与离职同事的表层相似性和关系强度的交互效应显著影响留任员工的离职意图。即留任员工与离职同事的表层相似性越高，关系强度越强，留任员工的离职意图越高。

假设4d：离职同事的工作流向以及留任员工与离职同事之间的表层相似性、关系强度三者的

交互效应显著影响留任员工的离职意图。即离职同事找到的新工作越好,留任员工与离职同事的表层相似性越高,关系强度越强,留任员工的离职意图越高。

二、研究设计

本研究采用2(工作流向:向上流动 vs.向下流动)×2(表层相似性:高 vs.低)×2(关系强度:强 vs.弱)的组间实验,样本来源为华东地区某两所大学在职的MBA学员,共发出问卷297份,回收有效问卷276份,有效问卷回收率为92.9%。被试中男性144人,平均年龄32岁,平均工作经验为8.8年。

为确保填答者能够准确、完整地填答问卷,提高问卷回收率及准确性,在问卷指导语中,本研究说明了研究用途并承诺保护隐私,要求被试按照自己在故事中的真实感受作答。另外,我们发放给被试一个信封,在填答后可放入该信封中密封。被试被随机分配到八个实验组当中。本研究请被试阅读一个虚拟同事Lin的简要情况介绍,材料表明Lin最近离职了,并且显示了Lin的工作流向、Lin与被试的表层相似性和关系强度。在向上流动的实验情境中,"Lin的新公司比你目前就职的公司规模更大,在同行业内有更高的声誉。"在向下流动的实验情境中,"Lin所在的新公司比你目前就职的公司规模更小,在同行业内声誉一般。"在表层相似性高的实验情境中,"你和Lin被安排到同一个部门共事,两人的职称、职责及工作内容是相似的。"在表层相似性低的实验情境中,"虽然你和Lin在公司的同一个部门工作,但两人来到公司的时间点不同,年资相差较大,同时两人的工作职称、工作内容也不相似。"在关系强度强的实验情境中,"下班后或节假日时,你和Lin经常一起出去玩。"在关系强度弱的实验情境中,"下班后或节假日时,你和Lin不会一起出去玩。"

此外,问卷中有三个操作检验的题目。工作流向:"阅读完上述情境,我觉得Lin找到了一份比原来更好的工作。"表层相似性:"阅读完上述情境,我觉得自己和Lin年龄相仿、年资相似、工作职责以及工作内容相近。"关系强度:"阅读完上述情境,我认为自己和Lin的关系很好。"本研究采用Likert五点量表对这些题目进行打分,其中"1"表示"非常不同意","5"表示"非常同意"。

离职意图的量表翻译修订自Kim等(1996)提出的量表,并参考了张勉和李树茁(2002)的翻译,共4题,测量题目如:"Lin离开公司后,我会希望离开目前的公司。"作答选项采用Likert五点量表,其中"1"表示"非常不同意","5"表示"非常同意"。量表信度为0.735。

三、研究结果

(一)操控检验

在对实验假设进行验证以前,本研究采用独立样本t检验对自变量的操控是否成功进行检验,检验结果如表1所示。

t检验结果表明,对于被试感受到的情境中离职同事Lin的工作流向,向上流动组与向下流动组存在显著差异($M_{向上}=4.04$,$M_{向下}=2.33$,$t(276)=15.966$,$p<0.001$);对于被试与情境中离职同事Lin的表层相似性,高表层相似性组与低表层相似性组存在显著差异($M_{高}=3.29$,$M_{低}=2.10$,$t(276)=9.703$,$p<0.001$);对于被试与情境中离职同事Lin的关系强度,强关系强度组与弱关系强度组存在显著差异($M_{强}=3.52$,$M_{弱}=2.36$,$t(276)=10.534$,$p<0.001$)。这些表明本研究对这三个自变量的操控是成功的。

表 1　t 检验结果

操控变量	分组	个数	平均值	标准差	t 值
工作流向	向上	139	4.04	0.788	15.966***
	向下	137	2.33	0.984	
表层相似性	高	140	3.29	1.086	9.703***
	低	136	2.10	0.957	
关系强度	强	139	3.52	0.973	10.534***
	弱	137	2.36	0.861	

（二）假设验证

由于八个实验情境的样本数不一致，本研究参考学者 Andersson 和 Bateman（1997）的做法以及学者 Tabachnick 和 Fidell（2013）的建议，采用一般线性模型（General Linear Models，GLM）进行数据分析，并使用 Type Ⅲ Tests。

1. 主效应的检验

通过 GLM 对不同实验情境下员工离职意图的差异性进行比较，探讨工作流向、表层相似性以及关系强度对离职意图的影响，结果如表 2 所示。

表 2　方差分析结果

变量	离职意图			
	Mean Square	df	F	η^2
工作流向（A）	0.609	1	5.113*	0.019
表层相似性（B）	4.884	1	41.031***	0.132
关系强度（C）	4.070	1	34.192***	0.113
A×B	0.600	1	5.041*	0.018
A×C	0.135	1	1.131	0.004
B×C	0.015	1	0.129	0.000
A×B×C	1.794	1	15.070***	0.053

注：η^2 为统计效应大小，反映自变量对因变量单独的解释力。

从表 2 可以看出，工作流向的主效应显著（F=5.113，df=1，p<0.05，η^2=0.019）。具体而言，向上流动情境中被试的离职意图显著高于向下流动的情境（$\bar{X}_{向上}$=3.13，$\bar{X}_{向下}$=3.03，t=2.061，df=275，p<0.05），假设 1 得到支持。表层相似性的主效应显著（F=41.031，df=1，p<0.001，η^2=0.132）。具体而言，表层相似性高的情境中被试的离职意图显著高于表层相似性低的情境（$\bar{X}_{高}$=3.21，$\bar{X}_{低}$=2.95，t=5.847，df=275，p<0.001），假设 2 得到支持。关系强度的主效应显著（F=34.192，df=1，p<0.001，η^2=0.113）。具体而言，关系强度强的情境中被试的离职意图显著高于关系强度弱的情境（$\bar{X}_{强}$=3.21，$\bar{X}_{弱}$=2.96，t=5.376，df=275，p<0.001），假设 3 得到支持。

2. 交互效应的检验

根据表2,工作流向与表层相似性的交互效应显著($F=5.041$,$df=1$,$p<0.05$,$\eta^2=0.018$),假设4a得到支持。具体而言,在表层相似性相同的情况下,向上流动情境中被试的离职意图显著高于向下流动情境($\bar{X}_{向上}=3.30$,$\bar{X}_{向下}=3.11$,$t=3.046$,$df=139$,$p<0.01$);在表层相似性不同的情况下,向上流动情境下被试的离职意图低于向下流动情境,但不显著($\bar{X}_{向上}=2.94$,$\bar{X}_{向下}=2.95$,$t=-0.102$,$df=134$,n.s.)。工作流向与关系强度的交互效应不显著($F=1.131$,$df=1$,n.s.,$\eta^2=0.004$),假设4b没有得到支持。表层相似性与关系强度的交互效应不显著($F=0.129$,$df=1$,n.s.,$\eta^2=0.000$),假设4c没有得到支持。工作流向、表层相似性与关系强度的交互效应显著($F=15.070$,$df=1$,$p<0.001$,$\eta^2=0.053$),假设4d得到支持。

为了更直观、形象地表现出交互作用,本研究绘制出了工作流向与表层相似性的交互效应,工作流向、表层相似性与关系强度的交互效应的简易图形,如图1、图2所示。

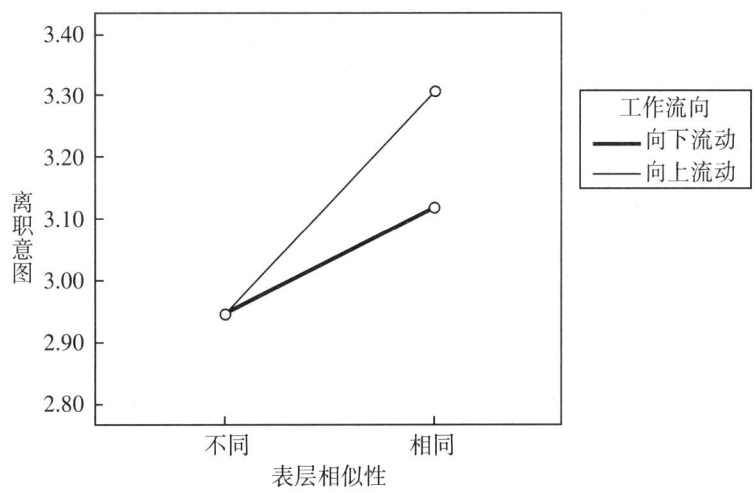

图 1 工作流向与表层相似性对离职意图的交互作用

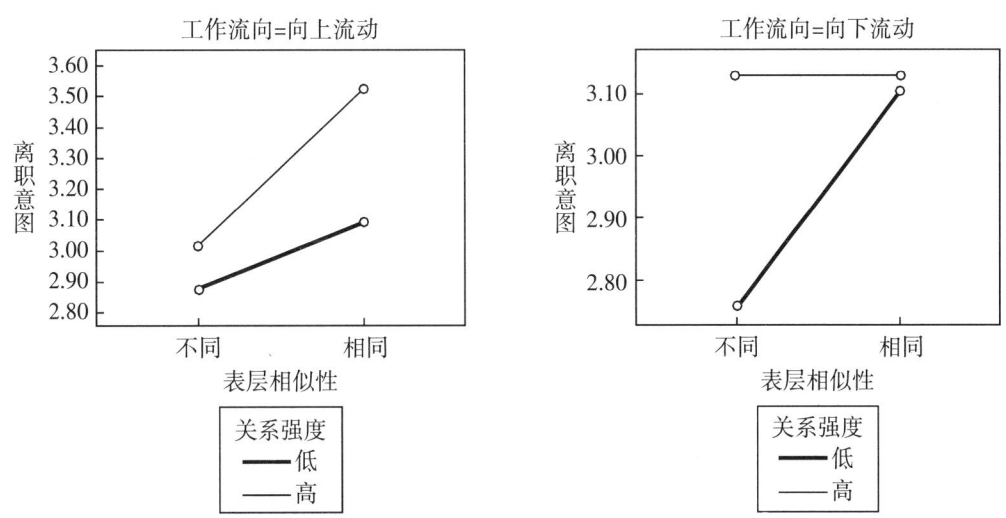

图 2 工作流向、表层相似性与关系强度对离职意图的交互作用

四、结论与讨论

基于社会比较理论，本研究采用实验法对在职的 MBA 学生进行研究，探讨了同事离职后对公司留任员工离职意图的影响，得到以下结论：①相比于离职同事向下流动的情况，当离职同事向上流动时，留任员工的离职意图会更高。②相比于离职同事表层相似性低的情况，当留任员工和离职同事表层相似性高时，留任员工的离职意图更高。③相比于离职同事关系强度弱的情况，当留任员工和离职同事关系强度强时，留任员工的离职意图更高。④离职同事的工作流向、留任员工与离职同事的表层相似性和关系强度的（部分）交互效应显著影响留任员工的离职意图。

本研究部分结果和以往研究结果是相似的。例如，Brockner 和 Kim（1993）的研究结果表明，留任者的比较倾向性（Comparative Tendency）高与工作满意度负相关。当离职同事向上流动时，且留任者比较倾向性高时，留任者会有更高的工作不满意度。以往研究表明，工作不满意度和离职意图有很强的正相关（Griffeth 等，2000；Steers 和 Mowday，1981）。本研究进一步将研究焦点推进至留任者的离职意图。Krackhardt 和 Porter（1985）认为，员工离职会产生滚雪球效应（Snow Effect），而且这种效应与员工之间非正式角色类似的程度显著相关。此研究结果和本研究中表层相似性的工作职责相同、工作内容相近情境下的研究结果是相同的。然而，本研究结果也和其他研究结果有所不同。例如，Krackhardt 和 Porter（1985）、王振源等（2014）证实当同事离职时，和该离职同事关系较密切的留任者反而有较高的工作满意度和较低的离职意图。本研究认为这是因为这些研究所基于的理论不同（平衡理论、归因理论）而使得结果不同，但却同样说明了一部分现实中存在的现象。

交互作用得出的结果是比较有趣的。我们发现两两交互作用下仅工作流向与表层相似性会产生交互作用，而三者的交互作用是显著的。这样的结果是比较一致的。当离职同事向上流动时，表层相似性高的留任者会有更高的离职意图（见图 1），而同时考虑关系强度时，发现关系强度高的留任者的离职意图和表层相似性的正相关是比较强的，而对关系强度低的留任者而言，两者也有一定的正相关（见图 2 左图）；当离职同事向下流动时，关系强度高的留任者不管和离职员工表层相似性高低，离职意图都处于比较高的水平，但对关系强度弱的留任者而言，表层相似性起到较大作用，即相似性越高的留任者的离职意图越高（见图 2 右图）。此三者交互作用是本研究的独特之处，以往并没有验证三者交互作用的研究。

本研究的理论贡献和创新点在于以下三个方面：①以往学术界关于离职现象的研究大多采用实证分析的方法，很少有学者采用实验法进行研究。本研究将情境研究引入离职现象研究的领域，针对离职者的工作流向、留任者与离职者的表层相似性及关系强度这三个自变量引入八个情境，探究离职者对留任者离职意图的影响，丰富了这一领域的研究方法。②社会比较理论研究主要应用于社会心理学领域，组织行为学领域对这一理论进行探讨的研究较少。本研究基于社会比较理论探讨同事离职对留任员工离职意图的影响，弥补了已有研究的不足，并拓展了这一理论的应用范畴。③以往关于离职的研究更多关注的是员工离职对组织层面员工离职率的影响，而对个体层面员工的离职倾向关注较少。本研究基于社会比较理论，从离职中留任员工心理影响这一视角出发，探讨了员工离职后对留任员工的影响，丰富了人力资源管理对员工离职的心理层面的探讨。

通过研究同事离职对留任员工影响的内在机理，为管理实践中降低员工离职的负面影响提出以下建议：第一，员工离职向上流动时，企业应给予足够的重视。因为离职员工找到更好的工作，基于同事间的攀比心理，留任员工的心理短期内会发生较大的影响，离职意图也随之变高。企业需要在一定的时期内对留任者进行心理干预，如适时引导、适当激励（如加薪）以淡化他们的离职意图。第二，离职者与留任者之间的表层相似性、关系强度也会影响留任者对同事离职的反应。

企业中有人离职后，管理者应重点关注与离职者相似性高、关系好的留任者，特别是骨干精英的留任者。企业可以打造留得住人的职业生涯晋升通道，并且经常开展职业生涯培训课程，让员工了解自己在企业中成长和晋升的路径，强化员工对企业的忠诚度。第三，离职同事的工作流向、留任员工与离职同事的表层相似性和关系强度这三个因素会同时对留任者的离职意图产生影响。根据本研究中显著的交互作用结果，当有员工离职特别是找到了更好的工作时，管理者应该特别注意和离职员工从事相似工作的留任者（见图1），进一步而言，应该更关注和离职员工私交好、关系好的留任者（见图2左图）。然而，当离职同事是向下流动时，管理者除了应该关注和离职员工私交好的留任者外，还要关注和离职员工关系一般，而从事相似工作、有相同年资的留任者（见图2右图）。

本研究存在着一些不足和有待提高的地方。首先，由于研究资源限制，样本数量较少，仅收集了276份有效问卷。另外，本研究的研究对象选取的是华东地区某两所大学的在职MBA学生，样本代表性不强。未来研究可以扩大样本数量以提高样本代表性，深入探究离职者对留任者离职意图的影响机制。其次，情境可能无法使受访者完全设身处地，建议未来用问卷调查方式再次验证，同时在调查过程中最好能实际获得离职行为情形。最后，本研究是基于社会比较理论展开的情境研究，未来建议增加个人特征变量，如自尊、情绪等更多变量对离职意图进行研究，从而丰富社会比较理论下对离职问题的研究。

〔参考文献〕

［1］王雪莉，马琳，张勉．基于独生子女的调节作用的个人——工作匹配、工作满意度与员工离职倾向研究［J］．管理学报，2014（5）：691-695，719．

［2］王振源，段永嘉，王琼，许惠龙．高科技企业员工离职传染的实证研究［J］．华东经济管理，2015（12）：144-150．

［3］王振源，孙珊珊，戴瑞林．同事离职对留任员工离职意图的影响机制研究———个被中介的调节作用模型［J］．管理评论，2014（4）：82-92．

［4］王振源，吴俊红，孙珊珊．同事离职对留任员工离职意图影响的机制研究［J］．管理科学，2015（5）：67-78．

［5］邢淑芬，俞国良．社会比较研究的现状与发展趋势［J］．心理科学进展，2005（1）：78-84．

［6］叶仁荪，倪昌红，黄顺春．职场排斥、职场边缘化对员工离职意愿的影响：员工绩效的调节作用［J］．管理评论，2015（8）：127-140．

［7］张勉，李树茁．雇员主动离职心理动因模型评述［J］．心理科学进展，2002，10（3）：330-341．

［8］张勉，张德，李树茁．IT企业技术员工离职意图路径模型实证研究［J］．南开管理评论，2003（4）：12-20．

［9］Andersson L. M. & Bateman T. S. Cynicism in the workplace: Some causes and effects［J］. Journal of Organizational Behavior, 1997, 18（5）: 449-469.

［10］Bartunek J. M., Huang Z. & Walsh I. J. The development of a process model of collective turnover［J］. Human Relations, 2008, 61（1）: 5-38.

［11］Blanton H. Evaluating the self in the context of another: The three-selves model of social comparison assimilation and contrast［M］. Mahwah, NJ: Erlbaum, 2001: 75-88.

［12］Blau G. J. & Katerberg R. Toward enhancing research with the social informational processing approach to job design［J］. Academy of Management Review, 1982, 7（4）: 543-550.

［13］Brockner J. & Kim D. H. Factors affecting stayers' job satisfaction in response to a coworker who departs for a better job［J］. Journal of Applied Social Psychology, 1993, 23（20）: 1659-1684.

［14］Buunk A. P., Carmona C., Peiró J. M., Dijkstra A. & Dijkstra P. Social comparison at work: The role of culture, type of organization and gender［J］. Cross-Cultural Communicatio, 2011, 7（2）: 22-34.

［15］Chan S. H. J., Mai X., Kuok O. M. K. & Kong S. H. The influence of satisfaction and promotability on the relation between career adaptability and turnover intentions [J]. Journal of Vocational Behavior, 2016 (92): 167-175.

[16] Donald J. R. H., Ployhart R. E. & Shepherd W. A two-pase longitudinal model of a turnover event: Disruption, recovery rates, and moderators of collective performance [J]. Academy of Management Journal, 2016, 59 (3): 906-929.

[17] Festinger L. A theory of social comparison processes [J]. Human Relations, 1954, 7 (2): 117-140.

[18] Felps W., Mitchell T. R., Hekman D. R., Lee T. W., Holtom B. C. & Harman W. S. Turnover contagion: How coworkers' job embeddedness and job search behaviors influence quitting [J]. Academy of Management Journal, 2009, 52 (3): 545-561.

[19] Goodman P. S. & Haisley E. Social comparison processes in an organizational context: New directions [J]. Organizational Behavior and Human Decision Processes, 2006, 102 (1): 109-125.

[20] Granovetter M. S. The strength of weak tie [J]. American Journal of Sociology, 1973, 78 (6): 1368-1380.

[21] Griffeth R. W., Hom P. W. & Gaertner S. A meta-analysis of antecedents and correlates of employee turnover: Update, moderator tests, and research implications for the millennium [J]. Journal of Management, 2000, 26 (3): 463-488.

[22] Jiseon S. & Yong W. S. Effects of employees' social comparison behaviors on distributive justice perception and job satisfaction [J]. Social Behavior & Personality, 2015, 43 (7): 1071-1084.

[23] Kim S. W., Price J. L., Mueller C. W. & Watson T. W. The determinants of career intent among physicians at a U. S. air force hospital [J]. Human Relations, 1996, 49 (7): 947-976.

[24] Krackhardt D. & Porter L. W. When friends leave: A structural analysis of the relationship between turnover and stays' attitudes [J]. Administration Science Quarterly, 1985, 30 (6): 242-261.

[25] Krackhardt D. & Porter L. W. The snowball effect: Turnover embedded in communication networks [J]. Journal of Applied Psychology, 1986, 71 (1): 50-55.

[26] Krausz M., Yaakobovitz N., Bizman A. & Caspi T. Evaluation of coworker turnover outcomes and its impact on the intention to leave of the remaining employees [J]. Journal of Business and Psychology, 1999, 14 (1): 95-107.

[27] Mauno S., Nele D. C., Kinnunen U., Ruokolainen M., Rantanen J. & Anne M. The prospective effects of work-family conflict and enrichment on job exhaustion and turnover intentions: Comparing long-term temporary vs. permanent workers across three waves [J]. Work & Stress, 2015, 29 (1): 75-95.

[28] Maertz C. P. & Griffeth R. W. Eight motivational forces and voluntary turnover: A theoretical synthesis with implications for research [J]. Journal of Management, 2004, 30 (5): 667-683.

[29] Merideth F., Dawn C., Boswell W., Whitten D., Butts M. M. & Michele K. K. Tethered to work: A family systems approach linking mobile device use to turnover intentions [J]. Journal of Applied Psychology, 2016, 101 (4): 520-534.

[30] Menon T. & Thompson L. Envy at work [J]. Harvard Business Review, 2010, 88 (4): 74-79.

[31] Nabi R. L. & Keblusek L. Inspired by hope, motivated by envy: Comparing the effects of discrete emotions in the process of social comparison to media figures [J]. Media Psychology, 2014, 17 (2): 208-234.

[32] Salovey P. & Rodin J. Some antecedents and consequences of social-comparison jealousy [J]. Journal of Personality and Social Psychology, 1984 (47): 780-792.

[33] Steers R. M. & Mowday R. Employee turnover and post-decision accommodation processes [J]. Research in Organizational Behavior, 1981 (3): 235-283.

[34] Suls J. M. & Wheeler L. Handbook of social comparison: Theory and research [M]. New York, NY: Plenum press, 2000.

[35] Tabachnick B. G. & Fidell L. S. Using multivariate Statistics, Pearson new international edition [M]. New York, NY: Pearson Education, 2013.

[36] Vecchio R. Explorations in employee envy: Feeling envious and feeling envied [J]. Cognition and Emotion, 2005, 19 (1): 69-81.

[37] Wang Z. H. & Ying F. Social support, social comparison, and career adaptability: A moderated mediation

model [J]. Social Behavior & Personality, 2015, 43 (4): 649-660.

[38] Woo S. E. & Allen D. G. Toward an inductive theory of stayers and seekers in the organization [J]. Journal of Business and Psychology, 2014, 29 (4): 683-703.

The Research of the Impact of Colleagues Turnover on Stayers' Turnover Intention
——Based on the Perspective of Social Comparison Theory

WANG Zhenyuan   ZHANG Huiping   SUN Shanshan

Abstract: Employee turnover events are infectious to some extent. When an employee leaves, the stayers may compare themselves with the leaver and generate turnover intention. This study intends to explore the process of psychological effect of stayers' turnover intention based on the social comparison theory. The conclusions are as follows: ①Compared to the leaver's downward mobility, the stayer's turnover intention will be higher when the leaver has upward mobility. ②Compared to the leaver having fewer similarities with him/her, the stayer's turnover intention will be higher when the leaver has more similarities. ③Compared to the weak relationship between the leaver and him/her, the stayer's turnover intention will be higher when their relationship is strong. ④Leaver mobility, the similarities and strength of the relationship between the stayer and leaver have interaction affection to the stayer's turnover intention significantly. In the end, this study summarizes the theoretical innovation and contribution of the research. The implications and limitations of the study are discussed, and directions for future research are suggested.

Key Words: Turnover Intention; Social Comparison; Work Flow; Similarity; Strength of the Relationship

女性股东与企业创新：企业规模和地区发展水平的权变作用

陈嘉文　姚小涛

（西安交通大学管理学院，西安　710049）

[摘　要] 女性投资者在我国的商业活动中扮演着越来越重要的角色，同时也做出了突出的贡献。基于资源依赖理论的视角，本文实证研究了中国女性股东对企业创新的作用机理。结果表明，女性股东显著地降低了企业的创新活动。但对于规模较大以及处于发展水平较高地区的企业，女性股东对企业创新却具有正向的影响。研究结论体现了女性股东对企业创新的缓冲与催化作用，进一步深化了对企业女性参与者如何影响企业战略问题的理解，在理论和实践中具有重要启示。

[关键词] 女性股东；企业创新；企业规模；地区发展水平

引　言

伴随着全球化、知识经济及网络技术的发展，企业所处环境的不确定性越来越高，企业间的竞争也越发激烈。在此情景下，创新对企业生存和发展的关键作用日益凸显。此外，我国正在经历的产业转型升级与建设创新型国家的战略决策要求企业不断增强创新能力，提高企业的技术创新水平。

改革开放以来，女性在我国商业活动中的参与度逐步提升，谢企华、董明珠、杨绵绵等一批卓越女性企业领导人得到了公众的认可和赞誉。学者们也开始关注企业女性参与者对于企业创新的影响（陈宝杰，2015）。例如，从女性的独特性格特征以及高层管理团队多样性的角度出发，曾萍等（2012）发现女性高管参与有利于企业技术创新的提高。但需要注意的是，股东对企业创新同样存在重要的影响。截至 2015 年 3 月，在我国上市公司公布的"前十大股东"以及"前十大流通股东"中，已经有 1365 名女性股东[①]，如东方园林的何巧女、蓝思科技的周群飞等。以往的研究主要通过高层梯队理论解释女性作为企业高层管理人员对企业战略的影响，却忽略了女性作为企业投资者在企业战略过程中的作用。资源依赖理论认为，组织的生存发展依赖于环境中为其提供关键资源的其他组织，组织会针对这种资源依赖关系做出相应的战略选择（Pfeffer 等，2003；Hillman 等，2009）。从投资者的角度来看，女性股东为企业提供重要的资源，其特点也会影响企

[基金项目] 国家自然科学基金项目"网络制度视角下高管团队企业合法性行动网络及其组织学习能力关系研究"（71272136）；陕西高校人文社会科学青年英才支持计划。

[作者简介] 陈嘉文，男，广东佛山人，西安交通大学管理学院博士研究生，研究方向：组织理论与企业创新。姚小涛，男，陕西西安人，西安交通大学管理学院教授、博士，研究方向：组织理论与战略管理。

① A股上市公司 255 位女股东身价过亿 [EB/OL]. 扬子晚报，http://epaper.yzwb.net/html_t/2015-03/09/content_218967.htm?div=-1，2015-03-09.

业的战略。忽视女性股东对于企业战略的影响，可能会造成对女性参与者在企业发展过程中的角色的认识偏误。Rayan 和 Buchholtz（2001）也提出现有研究应该重视股权投资者的性别对企业战略决策的作用。因此，研究女性股东对于企业创新的影响具有重要的理论价值和实践意义。

为了弥补上述不足，本文基于资源依赖理论探讨了女性股东与企业创新之间的关系。为了获得与维持企业的重要资源，企业倾向于迎合股东的利益偏好，以满足股东的要求。相比于男性，女性投资者具有更低的风险偏好以及更为谨慎的风险规避。以我国 2603 家企业为样本，本研究发现女性股东会降低企业创新，但在考量女性股东风险偏好随环境的变化时，发现女性股东对规模较大以及处于发展水平高的地区的企业创新活动具有促进作用。本研究结果揭示了女性股东对企业创新的权变影响，突出了女性股东在企业创新过程中的缓冲和催化作用。本研究不仅弥补了已有研究忽略股东性别差异与企业创新之间关系的不足，也为我国企业创新实践提供了有益借鉴和启示。

一、理论基础与研究假设

（一）理论基础

作为开放系统的组织需要从外部环境中获取其生存与发展所需的资源。资源的稀缺性使企业对外部利益相关者产生依赖，因此企业会受到外部环境的约束。资源依赖理论强调组织的外部环境对其行为的重要影响，正如 Pfeffer 和 Salancik（2003）的描述："要理解一个组织的行为必须先了解组织所处的环境。"组织的生存与发展主要依靠它们从环境中获取关键资源的能力，因此组织会利用不同的战略手段应对和管理组织与资源提供者之间的依赖关系，以维持组织对关键资源的控制（Hillman 等，2009）。Drees 和 Heugens（2013）认为，组织面对的资源依赖既是决定组织绩效的实质性压力，也是影响组织合法性的象征性压力。

对企业而言，股东是最重要的资源供给者之一，企业的战略选择依赖于股东所提供的资源，受到股东的约束。战略管理学者也认为，资源依赖理论能为企业股东关系的研究提供非常有意义的视角（Mitchell 等，1997；Rowley，1997）。Frooman（1999）认为，股东根据其与企业之间的资源依赖关系，会采用直接或间接的手段影响企业的战略，即提出撤回资源的威胁和有条件地提供资源。通过这些基于资源依赖的策略，企业的战略会逐渐迎合股东的利益和偏好。已有实证研究也表明，企业的战略选择会受到股东偏好的重要影响。陈炳亮（2011）发现大股东的中性风险偏好会降低企业的多元化，对企业总体风险水平具有显著的约束作用。Biniari 等（2015）的研究也发现，风险投资机构会利用企业对其资源的依赖改变企业的战略制定过程，使企业的行为符合风险投资机构的投资偏好。此外，在企业创新过程中，其创新活动也会受到股东偏好的制约。例如，养老基金管理人与专业投资管理人对于长期利益偏好不同，会导致企业内部创新活动的差异（Hoskisson 等，2002）。

虽然以往资源依赖理论对理解股东与企业战略之间的关系提供了重要的理论视角，但以往的研究并未考量股东的偏好随环境的变化（Zinkhan 等，1991）。组织所处的环境不仅影响了企业的战略制定以及企业的绩效，也会改变企业利益相关者的利益偏好。从投资者的角度来看，个体的风险偏好会受到个体所在环境的影响。女性的风险偏好会在某些特定的情景中发生改变，从而展现出高风险承担（Maxfield 等，2010）。Cumming 等（2016）也发现，风险投资对于清洁能源企业的投资偏好也会随着全球环境问题的凸显而逐渐增强。因此，在考量股东对企业战略，如创新战略的影响过程中，股东所处的环境是重要的权变因素。考虑股东偏好的改变能够更好地分析企业与资源提供者之间的资源依赖关系，体现两者互动过程的动态性。所以，在分析女性股东对企业创新影响的过程中，本文也关注和重视女性股东随情景变化而改变的风险偏好，考察女性股东风险偏好变化对企业创新影响的改变。

（二）女性股东与企业创新

以往心理学与行为金融学的研究发现，性别的差异对于个体的风险偏好有显著的影响。Byrnes等（1999）利用元分析的方法，发现相比于女性，男性更愿意从事高风险的活动。Charness和Gneezy（2012）的研究显示，女性比男性更加厌恶财务风险，因此在风险资产的投资上更为保守。同样地，何贵兵等（2002）的研究也发现，我国女性对于投资隐含的损失更为敏感，因而更愿意采取措施避免损失。因此，女性股东的风险偏好使得她们在股权投资过程中也会选择风险相对较低的资产。

基于资源依赖理论的观点，为了迎合女性股东的低风险偏好，企业会减少创新活动，降低企业经营的风险。企业依赖其主要投资者所提供的资源维持企业的运营，当企业的战略活动违背投资者的目标和偏好时，投资者会减少对企业的投资，从而影响企业的生存与发展（Mackey等，2007）。女性股东的风险厌恶特征使得企业主动降低企业的风险，减少过多的创新投入。根据Frooman（1999）的研究，女性股东同样能够利用直接或者间接的手段影响企业的创新。首先，女性股东能够提出撤资的威胁，使企业主动减少过多的创新投入以降低企业的风险水平。其次，女性股东可以对其投资的资源附加条件，改变企业的资源利用过程，把资源分配至风险较低的资产上。因此，本文提出以下假设：

假设1：女性股东对企业创新具有显著的负向影响。

虽然女性股东的风险偏好会影响企业的创新活动，但是不同类型的创新活动伴随着不同水平的风险，企业对女性股东的资源依赖对企业不同的创新活动的影响也存在差异。因此，进一步分析女性股东对不同类型创新活动的影响是非常必要的。基于创新过程的差异，以往企业创新的研究把创新活动分为探索性创新与开发性创新（March，1991；Piao等，2016）。探索性创新是企业脱离原有技术和产品，利用新知识和技术满足潜在的市场需求所从事的创新活动。而开发性创新是在原有的知识和技术的基础上进一步满足现有市场需求的创新活动。相比于开发性创新，探索性创新涉及更多的风险，因为在发现新知识和新技术的过程中，企业需要进行更广泛的搜寻、实验和革新，而开发性创新则在原有知识和技术上进行改进和提升。

由于企业的探索性创新具有更高的风险水平，本文认为女性股东对企业探索性创新具有抑制作用，但并不影响企业的应用型创新。为了协调女性股东与企业创新之间的关系，企业通过选择性的创新战略一方面维持女性股东的资源支持，满足女性股东对企业风险控制的要求，减少探索性创新的投入；另一方面也保持企业的开发性创新水平，维护企业的竞争地位。因此，为了迎合女性股东的风险偏好，企业更倾向于减少风险较大的探索性创新活动，而维持风险相对较小的开发性创新。基于以上分析，本文提出以下假设：

假设2：女性股东对企业探索性创新具有显著的负向影响，但对企业开发性创新不具有显著影响。

虽然女性股东会呈现出厌恶的风险偏好，但是个体的风险偏好受到个体所在的环境影响。Maxfield等（2010）的研究发现，女性在高权力、高自我效能以及宽社交网络的情境下会采取更多的风险行为。Nagoski等（2011）也指出，女性的风险偏好与其所在的网络环境密切相关。基于此，在考虑女性股东对企业创新影响的过程中，应该深入分析女性股东所处的不同情境。所以，本文将进一步从企业规模和企业所在地区的发展水平考量女性股东的影响。

（三）企业规模的权变作用

女性股东承受风险的程度会随着企业规模的增加而提高。大企业的股东能够控制更多的资源，从事更多样化的活动。资源控制是个体权力大小的一个重要体现，而女性股东随着自身权力的逐渐增大，也更愿意承担更多的风险。Ganbatz（2008）的研究也指出，权力的提升能够有效提高个体的风险承担。因此，能够做出更大影响的权力可以促使女性承担更高的风险。随着企业规模的逐渐增加，女性股东的风险承担也会相应提高。

根据资源依赖的逻辑，女性股东的风险偏好会影响企业的创新活动。当企业规模较大时，女性股东更愿意承担更多的风险，支持企业的风险活动，所以企业在女性股东风险承担的影响下也会从事更多的创新活动。此外，规模较大的企业拥有更高的能力处理企业风险，能够更好地生存和发展（Meznar等，1995）。但中小企业更难以抵御动荡的环境，其失败的风险也更大。为了迎合女性股东对企业风险的偏好，中小企业更加愿意通过较少的企业创新活动来控制企业的风险水平。因此，本文认为在规模较大的企业中，女性股东能够正向促进企业的创新活动。

规模较大的企业也更能处理和应对探索性创新所产生的风险。大企业能够投入更多的冗余资源进行探索性创新，而且大企业能够吸引更多优秀的科研人员，提高探索性创新成功的可能性（高良谋和李宇，2009）。这一过程与女性股东随企业规模增加的风险偏好相匹配。但中小企业受到资源的约束，探索性创新的失败更可能导致企业的失败，女性股东也更为谨慎地应对中小企业的创新风险。因此，在规模较大的企业中，女性股东更愿意支持企业的探索性创新活动。综合来说，本文提出以下两个假设：

假设3：企业规模正向调节了女性股东与企业创新的关系。

假设4：企业规模正向调节了女性股东与企业探索性创新的关系。

（四）地区发展水平的权变作用

女性股东的风险偏好还受到地区发展水平的影响。在发展水平较高的地区，企业所在的市场环境更为完善，而环境对于高风险的经济活动也会给予更高的回报。Zinkhan和Karande（1991）的研究指出，当环境对个体风险行为具有更高的回报时，女性会表现出更多的风险承担。因此，在发展水平较高的地区，女性股东具有更高的风险偏好。

基于资源依赖理论的观点，股东风险偏好的提高会增加企业创新活动的投入。本文认为，当企业所在地区的发展水平较高时，女性股东能够正向促进企业的创新活动。随着地区市场发展水平的提高，市场环境会对个体的创新风险活动提供更多的奖励。在此环境中，女性股东呈现出更高的风险偏好，更愿意承担更多的风险。女性股东也会鼓励企业进行更多的创新活动，获取竞争优势。所以，在发展水平较高的地区，女性股东能够正向促进企业的创新活动。

此外，地区发展水平高的地区，企业之间的竞争更为激烈。面对激烈的竞争环境，企业也更加依赖于创新活动所带来的优势。随着竞争企业投入更多的资源进行新知识和新技术的开发，企业的探索性创新活动在激烈竞争中也具有更高的合法性（Su等，2009；宋铁波等，2014）。因此，结合女性股东风险偏好的变化，在发展水平较高的地区，女性股东也更加支持企业的探索性创新活动。因此，本文提出以下假设：

假设5：地区发展水平正向调节了女性股东与企业创新的关系。

假设6：地区发展水平正向调节了女性股东与企业探索性创新的关系。

二、研究方法

(一) 样本选择与数据来源

本文的研究数据来源于世界银行企业调研数据库中的"中华人民共和国2012年企业调研数据集"。数据的收集是通过问卷的方式进行的，调研时间从2011年12月至2013年2月。世界银行此次调研的目的是为了考察各个国家中企业的成长环境以及企业的经营情况，以建立一个综合的企业分析数据库。中国调研的抽样方式采用分层抽样，分别对11个制造行业以及7个服务行业的企业进行了调查。经过剔除数据缺失严重的样本企业，本研究的分析样本包含2603家企业。这些样本企业平均运营时间13年，雇有员工230名。

(二) 变量测度与统计方法

企业创新是一个多维度的概念，本文通过统计样本企业所从事的创新活动内容测量样本企业的创新程度，这种测量能够更为全面地反映企业的创新。这些创新活动包括：引进新技术和新设备；引进新的质量控制；引进新的管理方式；为员工提供技术培训；引进新产品和新服务；在原有产品和服务的基础上添加新特色；努力降低生产成本；努力提高生产灵活性。创新这一变量通过企业所从事的创新活动类别数量来测量。此外，根据探索性创新和开发性创新的相关研究（March，1991），本文把前五种创新活动归纳为探索性创新，而把后三种创新活动归纳为开发性创新，最后把探索性创新活动占企业总创新活动数量的比例作为探索性创新的测量，而变量开发性创新采用同样的方式。

女性股东的测量主要通过问卷中的问题："在公司的所有者当中，是否有女性"。如果回答为是，则变量女性股东编码为1，否则编码为0。由于问卷中并未涉及女性股东所持有的股权比例，本文未能直接测量女性股东对企业战略的影响程度。为了分析女性股东的虚拟变量是否能够充分体现女性股东的影响，本文进行了一系列的检验，以确保这一测量的有效性。首先，如果女性股东只是作为一种信号，以表现企业股权的多样性，则女性股东更可能出现在股权较为集中的企业当中。本文以企业最大股东所持有的股权比例作为企业股东多样性的测量指标，比较具有女性股东与不具有女性股东的企业之间股东多样性的差异。T检验结果显示，t值为−1.4102，p值为0.161，这表明具有女性股东与不具有女性股东的企业在股东多样性上不存在显著差异。其次，根据企业对女性股东的资源依赖，具有女性股东的企业更可能雇用更多的女性职员。本文以企业女性职员占企业员工总数的比例作为女性职员的测量指标。在T检验中，t值为−3.00，p值为0.002，这表明具有女性股东的企业中女性雇员的比例要显著多于不具有女性股东的企业。综合来说，本文女性股东的测量能在一定程度上反映女性股东对企业战略的影响。

企业规模采用企业员工总人数的对数值来测量，而地区发展水平通过变量东部地区来测量。我国的经济发展水平正处于发展中阶段，地区之间的经济发展程度差异非常明显。以往的研究证明了东部地区的市场化程度更高，市场结构更完善，企业拥有更多获取资源的渠道（Su等，2009）。因此，如果样本企业在东部地区，变量东部地区编码为1，否则为0。

在模型分析中，本文加入了一些可能会影响企业创新的变量：企业年龄；总经理是否为女性；总经理在行业中的工作经验；国有股份的比例；企业是否拥有国际认证证书，如ISO9001。此外，本文模型还控制了行业的影响。

因为结果变量创新是一个计数变量，为了检验假设1、假设3和假设5，本文利用泊松回归方法分析女性股东对企业创新的影响。鉴于结果变量探索性创新以及开发性创新是一个数值型变量，本文利用多元线性回归方法检验假设2、假设4和假设6。

三、实证结果

(一) 描述性统计

表1展现了模型中变量的描述性统计结果以及变量之间的相关系数。分析结果显示，各变量之间的相关系数较小，而多重共线性检验中各变量的VIF值均小于10，可以判断模型不存在多重共线性问题。

表1 描述性统计和相关系数

变量	Mean	S.D.	1	2	3	4	5	6	7	8	9	10	11
1. 创新	2.91	3.15	1										
2. 探索性创新	0.32	0.33	0.77	1									
3. 开发性创新	0.23	0.26	0.61	0.42	1								
4. 女性股东	0.60	0.49	−0.05	−0.02	−0.02	1							
5. 企业规模	16.64	1.92	0.28	0.24	0.13	−0.03	1						
6. 东部地区	0.80	0.40	−0.09	−0.02	−0.05	0.18	0.01	1					
7. 企业年龄	12.7	7.9	0.07	0.06	0.06	0.06	0.20	−0.01	1				
8. 女性高管	0.10	0.44	−0.06	−0.05	−0.06	0.17	−0.05	0.04	−0.02	1			
9. 高管经验	16.10	7.78	0.12	0.08	0.12	−0.09	0.21	−0.04	0.35	−0.02	1		
10. 国有股份	3.06	0.59	−0.04	0.03	0.07	0.12	0.03	0.04	0.07	−0.03	−0.06	1	
11. 国际认证	0.38	0.48	−0.14	−0.12	−0.09	−0.06	−0.11	0.02	−0.05	0.01	−0.03	−0.04	1

(二) 回归结果

表2展现了女性股东对企业创新影响的回归分析结果。模型2中，女性股东对企业创新活动的回归系数为−0.07，且在1%水平上显著，表明女性股东对企业创新活动具有显著的负向影响。假设1得到支持。在模型3中，女性股东与企业规模的交互项系数为0.08，且在5%水平上显著，表明企业规模正向调节了女性股东与企业创新活动之间的关系。在模型4中，女性股东与东部地区的交互项系数为0.27，且在1%水平上显著，表明地区发展水平正向调节了女性股东与企业创新活动之间的关系。由此，假设3与假设5都得到支持。

表2 女性股东对企业创新影响的回归分析结果

变量	模型1	模型2	模型3	模型4	模型5
企业规模	0.10*** (0.01)	0.10*** (0.01)	0.10*** (0.01)	0.10*** (0.01)	0.10*** (0.01)
东部地区	−0.19*** (0.03)	−0.18*** (0.03)	−0.17*** (0.03)	−0.29*** (0.04)	−0.29*** (0.04)
企业年龄	−0.01 (0.01)	−0.01 (0.01)	−0.01 (0.01)	−0.01 (0.01)	−0.01 (0.01)

续表

变量	模型1	模型2	模型3	模型4	模型5
女性高管	−0.02 (0.02)	−0.01 (0.03)	−0.01 (0.03)	−0.01 (0.03)	−0.01 (0.03)
高管经验	0.01* (0.01)	0.01 (0.01)	0.01* (0.01)	0.01* (0.01)	0.01* (0.01)
国有股份	−0.59*** (0.08)	−0.57*** (0.09)	−0.57*** (0.09)	−0.59*** (0.09)	−0.59*** (0.09)
国际认证	−0.48*** (0.03)	−0.49*** (0.03)	−0.49*** (0.03)	−0.48*** (0.03)	−0.48*** (0.03)
行业	控制	控制	控制	控制	控制
女性股东		−0.07*** (0.02)	−0.06** (0.03)	−0.17*** (0.05)	−0.16*** (0.05)
女性股东×企业规模			0.08** (0.01)		0.07* (0.01)
女性股东×东部地区				0.27*** (0.06)	0.27*** (0.06)
常数项	1.42*** (0.12)	1.46*** (0.12)	1.45*** (0.12)	1.54*** (0.13)	1.52*** (0.13)
N	2603	2603	2603	2603	2603
LR chi^2	5013***	5022***	5027***	5046***	5050***

注：①括号内为系数的标准误差；②***、**和*分别代表在1%、5%和10%水平上显著。

为了进一步验证企业规模和地区发展水平的调节作用，本文根据模型结果画出其调节效应图，如图1和图2所示。在图1中，当企业规模较小时，女性股东对企业创新活动产生负向的影响；而当在企业规模较大时，女性股东能够正向促进企业的创新活动。在图2中，在西部地区，女性股东对企业创新活动具有负向的影响；而在东部地区，女性股东能够提高企业的创新活动。这一结果进一步支持了本文的假设3和假设5。

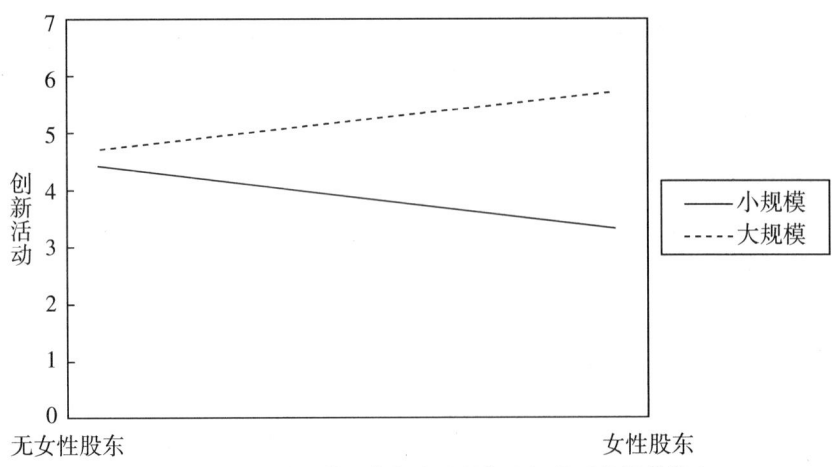

图1　企业规模对女性股东与企业创新之间关系的调节效应

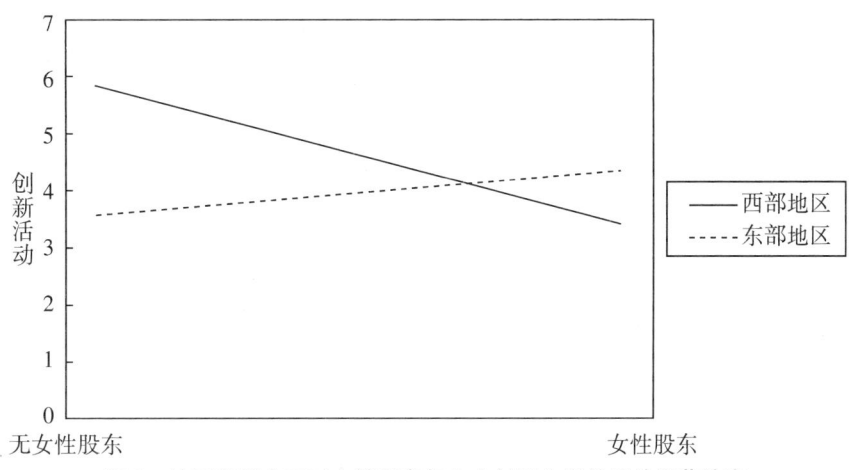

图 2　地区发展水平对女性股东与企业创新之间关系的调节效应

表 3 显示了女性股东对企业探索性创新与开发性创新影响的回归结果。假设 2 预测女性股东会抑制企业的探索性创新。模型 7 中女性股东的系数为 –0.01，但此系数并不显著。在模型 10 中，女性股东的系数为 –0.06，且在 1% 水平上显著。由此，假设 2 得到部分支持。在模型 8 中，女性股东与企业规模的交互项系数为 0.02，且在 5% 水平上显著，表明企业规模正向调节了女性股东与企业探索性创新之间的关系。在模型 9 中，女性股东与东部地区的交互项系数为 0.06，且在 5% 水平上显著，表明地区发展水平正向调节了女性股东与企业探索性创新之间的关系。由此，假设 4 与假设 6 都得到支持。模型 11 至模型 13 检验了女性股东与企业开发性创新之间的关系。由表 3 中结果可知，女性股东对企业开发性创新的影响并不显著，表明女性股东的风险偏好并不影响到企业的开发性创新活动。这与我们的预测相一致，因为开发性创新是在原有技术、产品和工艺的基础上进行改良，此类创新活动涉及的风险相对较小。

表 3　女性股东对企业探索性创新和开发性创新影响的回归分析结果

变量	探索性创新					开发性创新		
	模型 6	模型 7	模型 8	模型 9	模型 10	模型 11	模型 12	模型 13
企业规模	0.02*** (0.01)	0.02*** (0.01)	0.02*** (0.01)	0.02*** (0.01)	0.02*** (0.01)	0.01 (0.01)	0.01 (0.01)	–0.01 (0.01)
东部地区	–0.03*** (0.01)	–0.03** (0.01)	–0.03** (0.01)	–0.06*** (0.01)	–0.06*** (0.01)	–0.04*** (0.01)	–0.04*** (0.01)	–0.05*** (0.01)
企业年龄	–0.01 (0.01)	–0.01 (0.01)	–0.01 (0.01)	–0.01 (0.01)	–0.01 (0.01)	–0.01 (0.01)	–0.01 (0.01)	–0.01 (0.01)
女性高管	0.01 (0.01)	0.01 (0.01)	0.01 (0.01)	0.01 (0.01)	0.01 (0.01)	–0.01 (0.01)	–0.01 (0.01)	–0.01 (0.01)
高管经验	–0.01 (0.01)	–0.01 (0.01)	–0.01 (0.01)	–0.01 (0.01)	–0.01 (0.01)	0.01*** (0.01)	0.01*** (0.01)	0.01*** (0.01)
国有股份	–0.02 (0.03)	–0.02 (0.03)	–0.02 (0.03)	–0.02 (0.03)	–0.02 (0.03)	0.08*** (0.03)	0.08*** (0.03)	0.08*** (0.03)
国际认证	–0.10*** (0.01)	–0.10*** (0.01)	–0.10*** (0.01)	–0.10*** (0.01)	–0.10*** (0.01)	–0.05*** (0.01)	–0.05*** (0.01)	–0.05*** (0.01)

续表

变量	探索性创新					开发性创新		
	模型 6	模型 7	模型 8	模型 9	模型 10	模型 11	模型 12	模型 13
行业	控制	控制	控制	控制	控制	控制	控制	控制
女性股东		-0.01 (0.01)	-0.01 (0.01)	-0.06*** (0.02)	-0.06*** (0.02)		-0.01 (0.01)	-0.01 (0.02)
女性股东×企业规模			0.02** (0.01)		0.02** (0.01)			-0.01 (0.01)
女性股东×东部地区				0.06** (0.02)	0.06*** (0.02)			0.02 (0.02)
常数项	0.54*** (0.05)	0.55*** (0.05)	0.52*** (0.05)	0.57*** (0.05)	0.54*** (0.05)	0.599*** (0.04)	0.599*** (0.04)	0.612*** (0.04)
N	2603	2603	2603	2603	2603	2603	2603	2603
调整后 R^2	0.47	0.47	0.47	0.47	0.48	0.39	0.39	0.39

注：①括号内为系数的标准误差；②***、** 和 * 分别代表在1%、5%和10%水平上显著。

同样，本文根据模型结果画出企业规模和地区发展水平的调节效应图，如图3和图4所示。在图3中，当企业规模较小时，女性股东对企业的探索性创新活动产生负向的影响；而当企业规模较大时，女性股东能够正向促进企业的探索性创新活动。在图4中，在西部地区，女性股东对企业探索性创新活动具有负向的影响；而在东部地区，女性股东能够促进企业的探索性创新活动。这一结果进一步支持了本文的假设4和假设6。

（三）稳健性检验

由于女性股东与女性高管可能是同一个人，这种情况下女性股东对企业创新的影响可能通过提高高管团队异质性的途径发生，潜在地导致本文的统计结果发生偏误。为了避免这种偏误，本文将既有女性股东又有女性高管的企业样本删除，用新样本数据进行稳健性测试。分析结果并未与前文实证结果发生明显差异。

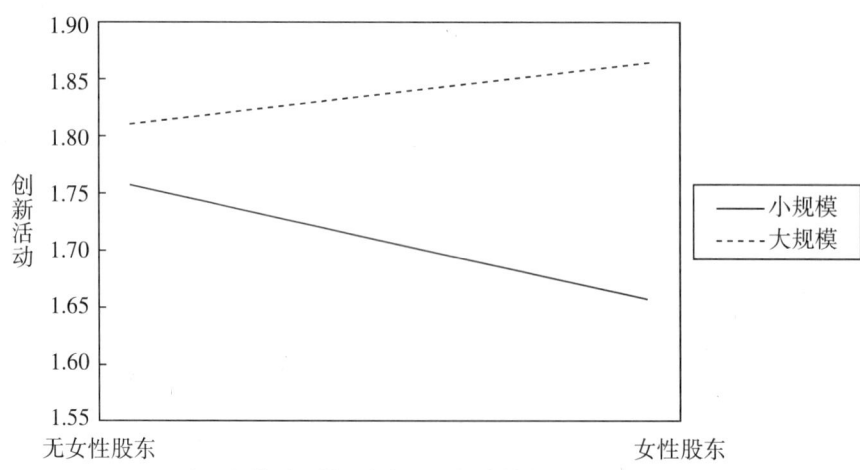

图3 企业规模对女性股东与企业探索性创新之间关系的调节效应

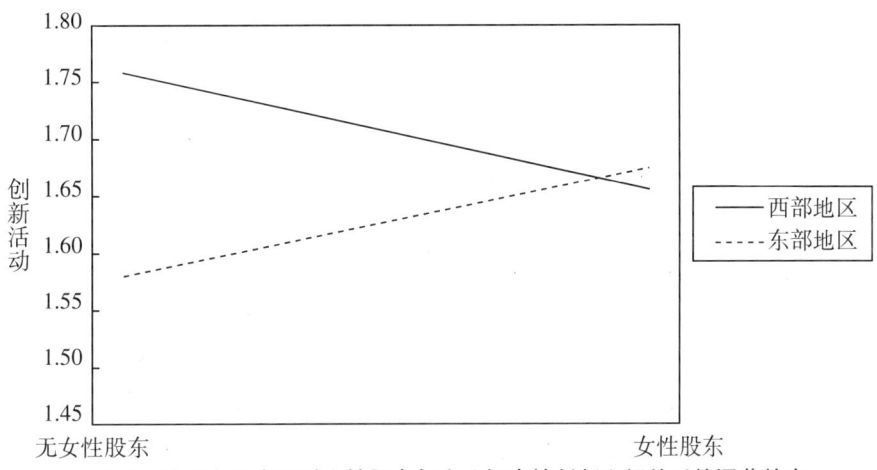

图 4 地区发展水平对女性股东与企业探索性创新之间关系的调节效应

四、研究结论与启示

我国当代女性在商业活动中的角色日益显著和重要。基于资源依赖理论，本研究发现，女性作为股权投资人，对企业创新尤其是探索性创新具有负向影响。但在考量企业环境之后，对于规模较大的企业以及处于发展水平较高地区的企业来说，女性股东能够促进企业的创新活动。本文的研究体现了女性股东在企业创新过程中起到的缓冲与催化作用。在不同的情景中，企业女性股东的引入能够让企业更好地与企业环境进行匹配，提高企业的竞争力。特别是伴随着我国经济改革中的环境变化，女性股东对企业创新的催化作用也显得越来越重要。

本文的研究结论在理论与实践中均有一定的启示。首先，本文强调了女性股东对企业战略活动的重要作用。以往的研究主要关注女性参与高管团队对企业创新的影响，较少探索女性作为投资者的作用。随着我国女性投资者重要性的不断提高，探索女性股东对企业创新战略的影响具有重要意义。其次，本文揭示了女性股东对企业创新的权变过程。已有研究分析了企业女性参与者对企业创新投入和创新绩效的作用，但忽略了企业女性参与者作用如何受到环境的影响。本研究弥补了这一理论上的不足，分析了女性股东在不同环境中风险偏好的变化，从而提出其对企业创新的权变影响。再次，本文探讨了企业规模和地区发展水平如何影响股东的战略选择过程。资源依赖理论的研究均假定了企业利益相关者偏好的不变性（He 等，2004）。本文指出，企业股东的风险偏好会随着企业的发展以及企业环境的变化而发生改变。所以，本文的结论进一步拓展了资源依赖理论在战略管理中的应用。最后，本文的结论也对企业创新实践活动具有重要的意义。企业应当了解女性股东在风险投资中的偏好，有效调整企业的创新战略，提高企业的创新效率。

本文的研究不足：本研究采用了横截面的调研数据，缺乏对女性股东作用在时间维度上的分析。未来的研究可采用追踪调查的研究方法进行更为综合的分析，避免研究中的内生性问题。此外，本文研究对女性股东的测量有所简化，而更为细致的测量，如女性股东的个数、女性股东在战略决策中的影响力等，更有利于分析女性股东对企业战略的影响。

〔参考文献〕

［1］陈宝杰.女性参与高管团队对企业创新绩效的影响——来自中国中小板上市公司的实证分析［J］.科技进步与对策，2015（3）：146-149.

［2］陈炳亮.股东多元化与企业多元化：股权与身份的作用［J］.软科学，2011（7）：107-112.

［3］高良谋，李宇.企业规模与技术创新倒 U 关系的形成机制与动态拓展［J］.管理世界，2009（8）：113-121.

［4］何贵兵，梁社红，刘剑. 风险偏好预测中的性别差异和框架效应［J］. 应用心理学，2002（4）：19-23.

［5］李新春，宋宇，蒋年云. 高科技创业的地区差异［J］. 中国社会科学，2004（3）：222-235.

［6］宋铁波，沈征宇. 破坏性创新与在位企业战略反应——基于合法性视角的解释［J］. 科学学与科学技术管理，2014（5）：82-90.

［7］王清，周泽将. 女性高管与R&D投入：中国的经验证据［J］. 管理世界，2015（3）：178-179.

［8］曾萍，邬绮虹. 女性高管参与对企业技术创新的影响——基于创业板企业的实证研究［J］. 科学学研究，2012（5）：773-781.

［9］A股上市公司255位女股东身价过亿［EB/OL］. 扬子晚报，http：//epaper.yzwb.net/html_t/2015-03/09/content_218967.htm? div=-1，2015-03-09.

［10］Biniari M., Simmons S., Monsen E. & Moreno M. The configuration of corporate venturing logics: An integrated resource dependence and institutional perspective［J］. Small Business Economics, 2015, 45（2）: 351-367.

［11］Byrnes J., Miller D. & Schafer W. Gender differences in risk taking: A meta-analysis［J］. Psychological Bulletin, 1999, 125（3）: 367-378.

［12］Charness G. & Gneezy U. Strong evidence for gender differences in risk taking［J］. Journal of Economic Behavior & Organization, 2012, 83（1）: 50-58.

［13］Cumming D., Henriques I. & Sadorsky P. Cleantech venture capital around the world［J］. International Review of Financial Analysis, 2016, 44（1）: 86-97.

［14］Drees J. & Heugens P. Synthesizing and extending resource dependence theory: A Meta-analysis［J］. Journal of Management, 2013, 39（6）: 1666-1698.

［15］Frooman J. Stakeholder influence Strategies［J］. Academy of Management Review, 1999, 24（2）: 191-205.

［16］Gaubatz K. Maastricht and motivations: An empirical lever for understanding European integration［C］. Annual Meeting of the International Studies Association's 49th Annual Convention, San Francisco, CA, 2008.

［17］He Z. & Wong P. Exploration vs. exploitation: An empirical test of the ambidexterity hypothesis［J］. Organization Science, 2004, 15（4）: 481-494.

［18］Hillman A., Withers M. & Collins B. Resource dependence theory: A review［J］. Journal of Management, 2009, 35（6）: 1404-1427.

［19］Hoskisson E., Hitt M., Johnson R. & Grossman W. Conflicting voices: The effects of institutional ownership heterogeneity and internal governance on corporate innovation strategies［J］. Academy of Management Journal, 2002, 45（4）: 697-716.

［20］Mackey A., Mackey T. & Barney J. Corporate social responsibility and firm performance: Investor preferences and corporate strategies［J］. Academy of Management Review, 2007, 32（3）: 817-835.

［21］March J. Exploration and exploitation in organization learning［J］. Organization Science, 1991, 2（1）: 71-87.

［22］Maxfield S., Shapiro M., Gupta V. & Hass S. Gender and risk: Woman, risk taking and risk aversion［J］. Gender in Management: An International Journal, 2010, 25（7）: 586-604.

［23］Meznar M. & Nigh D. Buffer or bridge? environmental and organizational determinants of public affairs activities in American firms［J］. Academy of Management Journal, 1995, 38（4）: 975-996.

［24］Mitchell K., Agle R. & Wood D. Towards a theory of stakeholder identification and salience: Defining the principle of who and what really count［J］. Academy of Management Review, 1997, 22（4）: 853-886.

［25］Nagoski E., Janssen E., Lohrmann D. & Nichols E. Risk, individual differences, and environment: An agent-based modeling approach to sexual risk taking［J］. Archives of Sexual Bahavior, 2011, 41（4）: 849-860.

［26］Pfeffer J. & Salancik R. The external control of organizations: A resource dependence perspective［M］. Stanford University Press, 2003.

［27］Piao M. & Zajac E. How exploitation impedes and impels exploration: Theory and evidence［J］. Strategic Management Journal, 2016, 37（7）: 1431-1447.

［28］Rowley T. Moving beyong dyadic ties: A network theory of stakeholder influences［J］. Academy of Management Review, 1997, 22（4）: 887-910.

[29] Ryan L. & Buchholtz A. Trust, risk, and shareholder decision making: An investor perspective on corporate governance [J]. 2001, 11 (1): 177-193.

[30] Su Z., Xie E. & Li Y. Organizational slack and firm performance during institutional transitions [J]. Asia Pacific Journal of Management, 2009, 26 (1): 75-91.

[31] Zinkhan G. & Karande K. Cultural and gender differences in risk taking behavior among American and Spanish decision makers [J]. Journal of Social Psychology, 1991, 131 (5): 741-742.

Female Shareholders and Corporate Innovation: A Resource Dependence Perspective

CHEN Jiawen   YAO Xiaotao

Abstract: The roles and contributions of female investors in comercial activities in China are gradually important. Based on the perspective of resource dependence, the relationship between female investors and corporate innovation in China is empirically investigated. Result shows that female shareholders are negatively associated with corporate innovation, and constrain exploration. Moreover, the negative relationship between female shareholders and corporate innovation will be stronger for medium and small enterprises, and enterprises located in less developed areas. The research results reveal the buffering and catalyzing effect of female shareholders on firm innovation, which are helpful for deeper understanding on the question how female participation influences firm strategies, and theoretically and practically meaningful.

Key Words: Female Shareholder; Corporate Innovation; Firm Size; Area Develop Level

人力资源管理双元性、员工行为双元性与企业绩效的关系研究

苏中兴 贾君君

(中国人民大学劳动人事学院，北京 100872)

[摘 要] 组织双元性理论指出，组织需要同时处理好看似相悖的战略目标（如探索性目标和利用性目标）才能获得可持续的竞争优势。在已有理论的基础上，本文提出了人力资源管理双元性和员工行为双元性的概念，认为企业的人力资源管理系统既要引导员工进行产品和技术的创新，又要引导员工关注现有产品和技术的改善。来自中关村IT企业的实证结果表明，人力资源管理双元性和员工行为双元性存在显著正相关，员工行为双元性和企业绩效存在显著正相关，人力资源管理双元性通过员工行为双元性促进了企业绩效的提高。

[关键词] 人力资源管理双元性；员工行为双元性；企业绩效；中介作用

引 言

随着市场竞争的日益加剧，越来越多的企业认识到组织双元性（Organizational Ambidexterity）的重要性。组织双元性是指组织能够统筹兼顾看似相悖的战略目标，如短期利益与长期发展、创新与效率、竞争与合作等（Simsek等，2009）。近年来，双元性相关研究得到了较快发展，目前已经涉及战略管理、组织理论、领导理论等领域。研究结果表明，组织的战略双元性（Jansen等，2008；Lubatkin等，2006）、创新双元性（He和Wong，2004；Markman等，2008）、组织学习双元性（Adler等，1999；Benner和Tushman，2003）、领导或管理者的特质和行为双元性（Mom等，2009；Smith和Tushman，2005；Cao等，2010）有利于提高企业的竞争力。

然而，在战略人力资源管理领域，关于双元性的研究还基本处于空白状态。迄今为止，战略人力资源管理的主流研究都是建立在对战略进行"非此即彼"分类的基础上，强调通过人力资源管理和特定战略目标（如成本领先、差异化）的匹配来帮助企业获得竞争优势。本文认为，战略和组织层面的双元性必然会对人力资源管理系统的双元性提出要求。鉴于此，本文在对组织双元性理论文献进行回顾的基础上，尝试提出人力资源管理双元性的概念，并检验了人力资源管理双元性和员工行为双元性以及企业绩效之间的关系。本研究将战略和组织研究领域最新的双元性理论拓展到了人力资源管理领域，丰富了战略人力资源管理的研究内容，也希望能引起更多学者对这方面研究的关注。

[基金项目] 国家自然科学基金项目"人力资源管理系统双元性的内容结构、实施效果与作用机制研究"（71272157）。
[作者简介] 苏中兴，生于1977年，男，浙江温州人，教授，研究领域为战略人力资源管理。贾君君，生于1990年，女，河南安阳人，硕士研究生，研究领域为战略人力资源管理。

一、理论发展与研究假设

(一) 双元性的相关概念与文献回顾

Duncan 在 1976 年最早提出"组织双元性"（Organizational Ambidexterity）一词，此后，该概念被广泛地用来指组织能够同时处理看似相悖的战略性活动的能力，如搜寻和稳定（Rivkin 和 Siggelkow，2003）、灵活和效率（Adler 等，1999）、广度和深度（Katila 和 Ahuja，2002）、探索性学习和利用性学习（Kang 和 Snell，2009）、突破性创新和渐进性创新（Benner 和 Tushman，2003；Smith 和 Tushman，2005）等。在对各种双元性的测量和分析中，March（1991）提出的"探索—利用"框架占据了主流。March（1991）指出，组织有必要同时强调两类活动：探索性的和利用性的。探索性战略要求企业聚焦在新技术、新产品和新市场的开发上，而利用性战略的重点是提高现有产品和服务的效率及可靠性。组织一方面需要投入资源来探索新产品和新服务以适应新市场，另一方面需要不断改善现有的产品和服务。过多强调利用性活动而缺少探索性活动会导致成功陷阱和稳定的惰性，最终导致组织退化；相反，过多强调探索性而缺少利用性活动会导致创新陷阱，组织不断开发新知识却一直不能获得利润和回报。在 March 的基础上，后续研究多把双元性定义为组织同时处理探索性和利用性活动的能力，并且认为组织需要同时处理好这两类活动才能获得竞争优势（Gibson 和 Birkinshaw，2004；He 和 Wong，2004；Tushman 和 O'Reilly，1996）。

关于组织双元性前因变量的研究，当前文献主要集中在结构双元性（Structures Ambidexterity）、情境双元性（Context Ambidexterity）和领导双元性（Leadership Ambidexterity）方面。结构双元性是指组织可以通过设置不同的业务单元分别完成探索性活动和利用性活动，从而获得同时处理好两类活动的双元能力（Levinthal，1997；He 和 Wong，2004；Tushman 和 O'Reilly，1996）。Birkinshaw 和 Gibson（2004）提出了"情境双元性"（Contextual Ambidexterity）的概念，与结构双元性通过结构、任务或空间上的分离来获得双元性不同，情境双元性是在一个业务部门内部通过一整套的制度和流程设计来构建一种双元的行为情境，从而允许和鼓励个体将时间精力合理分配到两个相互矛盾的需求上，如兼顾探索性和利用性任务。在此基础上，一些学者提出，个体也是组织双元性的重要来源，如领导或管理者的双元性。Smith 和 Tushman（2005）认为，只有当领导清楚地感知到双元性矛盾的存在，而不是忽视或否认它们时，组织才能更好地管理和利用双元性。Lubatkin 等（2006）通过对中小型企业的研究得出，高层管理团队的行为与组织双元性的形成存在积极关系。Mom 等（2009）提出了管理者双元性的概念，认为管理者有动机和能力去追求一系列看似矛盾的机会、需求和目标，可以在努力维持现有产品的市场地位的同时去开发新的市场、追求新的技术。

关于组织双元性的结果研究主要集中在组织双元性和各种绩效指标的关系上，并且大多数研究表明组织双元性会有利于实现良好的绩效目标。早在 1993 年，Levinthal 和 March 就提出，当企业有足够的探索性能力和利用性能力时，企业的绩效就可能提升。Gibson 和 Birkinshaw（2004）使用跨层面数据支持了这一结论。He 和 Wong（2004）的研究表明，企业的探索性能力和利用性能力之间的平衡与企业的销售增长率存在着显著的正相关。Lubatkin 等（2006）的研究发现，中小型企业追求双元性导向的程度与其绩效指标的表现密切相关。Venkatraman 等（2007）对软件行业的 1000 多家公司进行了超过 12 年的长期测试，发现持续的组织双元性可以显著地预测产品的销售增长率。Raisch 等（2009）的研究发现，组织平衡探索性能力和利用性能力有助于帮助组织持久地取得良好的绩效。

越来越多的国内学者也开始关注组织双元性研究。一些学者在对国内外双元性的相关文献进行梳理、总结和评价的基础上，探讨了组织双元性的概念、内涵、理论框架、研究内容和发展前沿等问题（张玉利和李乾文，2006；周俊和薛求知，2009；李桦等，2011）。从实证研究结果看，大多数研究表明组织双元性与组织绩效存在积极关系。例如，李忆和司有和（2008）的研究表明，探索式创新和利用式创新对企业绩效都有直接的正向影响。杨东（2011）的研究结果表明，探索性能力可以促进企业绩效，适度的利用性能力有助于提高企业绩效，过度的利用性能力会起相反的作用；利用性能力和探索性能力之间的交互作用（双元性）有助于提高企业绩效。李乾文等（2009）的研究发现，探索性能力和利用性能力对企业绩效有显著作用，但两者的交互作用并没有得到验证。

（二）人力资源管理双元性、员工行为双元性和企业绩效的关系

随着组织双元性的主要来源从结构双元性向情境双元性和个体双元性的转变，如何提高组织中个体的双元性成为构建组织双元性的重要手段（Simsek，2009）。基于"探索—利用"的双元性理论分析框架，Mom等（2009）把个体双元性界定为"个体在一个特定时间段内，在工作上兼顾和整合探索性活动与利用性活动的行为倾向"。在个体双元性研究中，管理者双元性得到了学者们的强调，因为管理者在决策制定过程（Rivkin和Siggelkow，2003）对程序性活动和非程序性活动的介入程度（Adler等，1999），以及管理者在集体性活动和创造性活动上的时间分配（Sheremata，2000）等都会影响到组织双元性的形成。O'Reilly和Tushman（2004）把管理者的重要性总结为"双元性组织需要双元性的高管团队和管理者"。然而，随着互联网时代的到来和组织结构的扁平化，组织的决策权力、管理重心和价值创造中心都开始下移。尤其在高科技企业，管理者数量很少，大量的知识型员工在工作中承担起越来越多的传统上管理者才承担的职责（如工作计划、决策、时间分配、自我管理等）。因此，本文认为双元性组织不仅需要双元性的高管团队和管理者，而且需要双元性的员工。在这种背景下，我们提出了"员工行为双元性"的概念，即"员工在工作上兼顾和整合探索性活动与利用性活动的行为倾向"（Mom等，2009）。

战略人力资源管理的资源基础观（Resource Based View）和行为观（Behavior Perspective）认为，人力资源管理对企业战略的支撑作用是通过获得相应类型的人力资本和引导出组织期望的员工行为模式来实现的（Wright等，2001；Wright和McMahan，1992）。基于战略人力资源管理的上述逻辑和"探索—利用"的理论分析框架，本文进一步提出了"人力资源管理双元性"的概念，其实质是指组织的人力资源管理能够同时支撑企业的探索性战略和利用性战略，并且追求这两个目标之间的平衡。当组织的人力资源管理存在双元性时，这种人力资源管理既引导员工进行未来产品和技术的创新，又引导员工关注现有产品和技术的改善。例如，企业可以通过招聘来获取个性特征和知识技能更具双元性倾向的员工。企业还可以通过培训等手段让员工既具备开发新产品和新服务、开拓新市场以及在工作流程上做出创新的探索性能力，又具备维持现有客户和市场、改良现有产品和技术、不断降低成本、从事例行性工作等方面的利用性能力，而同时关注员工探索性任务和利用性任务的绩效考核与薪酬激励措施能够让员工更有动机去合理分配自己的时间分别完成这两类性质不同的任务（Marh，2010）。总结而言，人力资源管理双元性可以使组织中的员工在个性特征、知识技能、工作动机等方面都更加具备双元性的倾向，从而在工作中更能有效兼顾探索性任务和利用性任务。因此，我们提出了假设1：

假设1：人力资源管理双元性和员工行为双元性存在显著正相关。

企业必须同时处理好探索性活动和利用性活动才能获得竞争优势（Gibson和Birkinshaw，2004；He和Wong，2004；Tushman和O'Reilly，1996），这就需要企业一方面投入资源来探索新产品、新流程和新服务以应对未来的市场竞争，另一方面不断改善现有的产品和服务。但是，无论是探索性活动还是利用性活动，最终都需要转化为员工的日常工作行为。尤其对高科技企业而

言，其与传统的科层制企业存在显著不同，组织结构更加扁平化，大部分员工是高学历的知识工作者，这些员工在产品研发、销售等关键岗位上拥有更多的工作自主性和决策权力，他们的工作行为直接决定了企业在各业务流程上的竞争力。

从企业价值链的角度看，企业的双元性不是停留在抽象的概念上，它应该来源于企业各种具体的生产经营环节。企业价值链的任何一个生产经营环节都需要强调效率与创新的结合，都既有探索性的工作内容也有利用性的工作内容。例如，研发环节存在渐进式创新和突破式创新、改良老产品和创造新产品等不同性质的任务，销售环节存在维持老客户和开发新客户等不同性质的任务，管理环节要处理好按既定政策流程完成常规性工作和对已有政策流程进行创新改造之间的关系，等等。如果企业价值链上各环节的员工都具备了较高的行为双元性，能够在日常工作中合理分配时间和精力来兼顾探索性活动和利用性活动，既注意公司在产品/服务、流程或市场方面的创新机会，又高效完成例行性的事情和活动，则显然能够带来更高的组织双元性。而组织双元性已经被诸多研究证明和企业绩效之间存在积极的相关性（Gibson和Birkinshaw，2004；He和Wong，2004；Lubatkin等，2006；Raisch等，2009）。因此，基于上述论证，我们提出了假设2：

假设2：员工行为双元性和企业绩效之间存在显著正相关。

更好地设计和执行企业的人力资源管理系统有助于提高企业绩效，这已经被理论界广泛认可和证实（Jiang等，2012；张徽燕等，2012；苏中兴，2010）。战略人力资源的行为观（Behavioral Perspective）指出，人力资源管理是一组管理措施和手段，目的在于影响员工的态度和行为，组织中员工的工作态度和行为会进一步影响组织的绩效。尽管已有大量研究表明人力资源管理系统与组织绩效之间存在显著正相关，但从逻辑上说，组织绩效的提升不是直接来源于人力资源管理本身，而是来源于应用这些人力资源管理而产生的员工工作态度和行为的改变。已有研究表明，员工人力资本（Ployhart和Moliterno，2011；Crook等，2011）、员工间的信任合作和社会交换（Collins和Smith，2006；Takeuchi等，2007）、员工的组织承诺和工作满意度（Messersmith等，2011）、员工的组织公民行为（Sun等，2007）、员工的角色内行为（苏中兴，2010）等变量对人力资源管理与企业绩效之间的关系起到了不同程度的中介作用。

从组织双元性理论视角看，员工行为双元性可以在人力资源管理双元性和企业绩效之间起到中介作用。组织双元性理论认为，组织需要同时处理好探索性和利用性这两类活动才能获得竞争优势（Gibson和Birkinshaw，2004；He和Wong，2004；Tushman和O'Reilly，1996）。在前面的论述中，我们已经得出，如果一个企业的人力资源管理存在双元性，就能够引导员工在工作中同时兼顾探索性任务和利用性任务，使得员工既能高效地处理工作中的常规性事务，又能做出针对未来的创新。员工的这种行为双元性是组织双元性的重要来源，能帮助企业有效避免可能出现的成功陷阱和创新陷阱，是企业获取竞争优势和高绩效的关键所在。结合假设1和假设2的论证，本文认为，人力资源管理双元性会给企业绩效带来积极影响，但是这种影响不是直接产生的，而是通过员工行为双元性来达到的。因此，我们提出了假设3：

假设3：员工行为双元性在人力资源管理双元性和企业绩效之间起到了中介作用。

二、研究方法

（一）样本与数据收集

本研究的数据来自我们在2011年对中关村科技园IT企业的调查。我们共调查了213家企业，其中实现了问卷回收并符合研究要求的企业有129家，员工有492位。在调查中，组织层面的数据由企业人力资源经理填答，个体层面的数据由企业的员工填答。从所有制分布看，样本企业中有103家是民营企业,占样本总数的79.8%;外商独资和中外合资企业有15家,占样本总数的11.6%;国有企业、国有控股和集体企业有11家,占样本总数的8.5%。从企业的年限分布看,成立年限在11~20年的企业最多,有67家,占样本总数的51.9%;6~10年的有38家,占样本总数的29.5%;5年以内和21年以上的分别有19家和5家,分别占样本总数的14.7%和3.9%。从员工规模看,员工人数在50人以内、51~100人、101~200人、201~500人、501人以上的企业分别是28家、21家、41家、25家和14家,分别占样本总数的21.7%、16.2%、31.8%、19.4%和10.9%。

(二) 变量测量

1. 人力资源管理双元性

目前对人力资源管理双元性的测量并没有成熟的量表。在组织双元性的实证研究中,常见的做法是把探索性维度和利用性维度的得分相乘来表示双元性的得分。这种测量方法意味着只有在探索性和利用性都得高分的情况下,双元性才能得高分。如果只有一个维度得高分而另一个维度得低分,则双元性的得分仍然较低,这就体现了兼顾和平衡的思想。借鉴以往双元性研究的做法,我们设计了对人力资源管理双元性的测量方法。我们的测量涵盖了招聘、培训、绩效、薪酬这四个人力资源管理的主要职能模块,每个职能模块分别用两道题来测量该模块的探索性导向和利用性导向,整个量表共计八道题(见表1)。问卷采用李克特5级量表,其中1代表"非常不符合",5代表"非常符合"。例如,我们用"公司经常围绕新产品开发、新市场开拓、新技术引进等方面而开展培训"来表示培训模块的探索性导向,用"公司经常围绕老产品质量提升、性能改良、成本降低等方面而开展培训"来表示培训模块的利用性导向,而这两道题得分的乘积就表示培训模块的双元性得分。同理,我们可以算出各企业在招聘、绩效、薪酬等模块上的双元性得分,而这四个模块双元性得分的均值就代表了企业人力资源管理的双元性得分。在对四个模块进行双元性得分转换后,计算出该量表的 α 系数为0.883,说明各模块的双元性得分具有较高的内部一致性水平。

表1 人力资源管理双元性量表

题号	问卷题目
1	公司在人才招聘和引进方面的主要目标是为了满足开发新产品、开拓新市场、引进新技术等方面的需要
2	公司在人才招聘和引进方面的主要目标是为了满足对老产品进行质量提升、性能改良、成本降低等方面的需要
3	公司经常围绕新产品开发、新市场开拓、新技术引进等方面而开展培训
4	公司经常围绕老产品质量提升、性能改良、成本降低等方面而开展培训
5	公司的绩效考核涵盖了新产品开发、新市场开拓、新技术引进等方面的工作内容和成果
6	公司的绩效考核涵盖了老产品质量提升、性能改良、成本降低等方面的工作内容和成果
7	引导员工开发新产品、开拓新市场、引进新技术是公司薪酬和激励的重点
8	引导员工进行老产品质量提升、性能改良、成本降低是薪酬和激励的重点

2. 员工行为双元性

Mom等(2009)根据前人的研究开发了管理者双元行为的量表。我们在对该量表的内容进行详细分析并通过焦点组访谈确认后,对该量表进行了翻译和改编以适应对高科技企业员工的行为双元性的测量。问卷采用李克特5级量表,其中1代表"非常不符合",5代表"非常符合"。量表前七道题测量员工行为的探索性导向,后七道题测量员工行为的利用性导向。探索性导向量表的α系数是0.866，利用性导向量表的α系数是0.869，量表总体α系数是0.786。探索性因子分析结果呈现了清晰的双因子结构，如表2所示。本研究中，探索性因子得分和利用性因子得分的乘积代表员工行为双元性的得分。由于本研究是在组织层面上开展，因此我们对同一企业中员工行为双元性的得分进行了Rwg分析并聚合到组织层面，Rwg在0.7~1.00，Rwg平均值为0.81，满足了数据聚合的标准（James等，1993）。

表2 员工行为双元性量表和因子分析结果

	因子	
	探索性行为	利用性行为
评估产品/服务、流程或市场方面的多种选择方案	0.895	
试图做出产品/服务、流程或市场方面的重大更新	0.891	
搜寻产品/服务、流程或市场方面的新机会	0.861	
从事一些产出和成本都还无法预测的活动	0.824	
从事公司政策没有明确规定的一些事情	0.697	
从事需要灵活性和适应性的任务	0.668	
从事需要学习和运用新知识、新技能的活动	0.555	
从事已经是轻车熟路的一些工作		0.881
从事公司现有政策有着明确规定的事情		0.857
从事用现有的知识储备就能解决的任务		0.857
从事例行性的事情和活动		0.809
从事已经积累了大量经验的活动		0.731
从事主要是为了获得短期目标的一些工作		0.633
从事用已有产品来服务老客户的活动		0.560

注：KMO样本充分性检验值为0.912；Bartlett球形检验值为3677.667，$p<0.001$。

3. 组织绩效

组织绩效的数据主要有两种类型：客观绩效数据和主观评价数据。出于保密性考虑，中国企业一般不愿意公开企业的准确财务数据。而研究结果表明，组织绩效的主观评价结果和客观绩效之间有着较强的一致性（Delaney和Huselid，1996；Bae和Lawler，2000）。因此，在参考了上述研究对组织绩效的主观评价指标后，我们通过三个财务指标对组织绩效进行测量，即销售增长、利润增长和投资回报，三道题的均值代表了企业的组织绩效得分。问卷采用7分等级量表，其中1代表"比同行业平均水平差很多"，7代表"比同行业平均水平好很多"，4代表"同行业平均水平"。量表的α系数是0.953，说明量表有很高的内部一致性水平。

4. 控制变量

我们将企业的年龄、所有制和规模等变量作为控制变量。企业的所有制性质分为三类，其中，1代表"国有企业/国有控股上市公司/集体企业"，2代表"民营企业/民营上市企业"，3代表"外商独资企业/合资企业"。企业的规模用员工人数的自然对数来表示。企业的年龄表示企业成立时距调查年份（2011年）的时间间隔。

三、研究结论

本研究各主要变量之间的简单相关系数如表3所示。从表3可以看出，人力资源管理双元性、员工行为双元性和组织绩效这三个关键变量之间存在显著的正相关。企业规模和人力资源管理双元性存在显著负相关，这说明小企业的组织双元性更多来源于情境和人力资源管理双元性，而大企业的组织双元性更多依靠的是组织结构的空间分离而非情境双元性。

表3 自变量、中介变量、因变量、控制变量的相关系数矩阵

	均值	标准差	1	2	3	4	5	6
人力资源管理双元性	11.247	4.255						
员工行为双元性	10.932	3.758	0.553**					
组织绩效	4.752	1.078	0.381**	0.434**				
企业年龄	11.016	5.333	−0.272*	0.128	−0.055			
企业规模	2.171	0.5725	−0.365**	−0.179	−0.052	0.502**		
国有企业	0.09	0.280	−0.191	0.179	−0.041	0.297**	0.266**	
民营企业	0.74	0.442	−0.031	−0.255*	0.004	−0.161	−0.123	−0.510**

注：$*p<0.05$，$**p<0.01$。

本研究采用多元回归分析来检验人力资源管理双元性、员工行为双元性和组织绩效之间的关系。我们首先检验了人力资源管理双元性对员工行为双元性的影响。如表4方程2所示，人力资源管理双元性和员工行为双元性之间存在显著正相关（$\beta=0.527$，$p<0.01$），方程2与基准方程1相比的 ΔR^2 为23.2%，因此假设1得到支持。方程4表明，员工行为双元性和组织绩效之间存在显著正相关（$\beta=0.472$，$p<0.01$），方程4与基准方程3相比的 ΔR^2 为18.9%，因此假设2得到支持。

表4 层级回归分析结果

预测变量	员工行为双元性		组织绩效			
	方程1	方程2	方程3	方程4	方程5	方程6
公司年龄	0.271	0.281*	0.011	−0.117	0.019	−0.083
员工人数（对数）	−0.340*	−0.172	−0.180	−0.019	−0.052	0.011
国有企业	0.080	0.079	0.198	0.160	0.197	0.168
民营企业	−0.166	−0.046	0.138	0.216	0.230	0.246
人力资源管理双元性		0.527**			0.403**	0.212
员工行为双元性				0.472**		0.362**
F	3.007*	8.231**	0.780	4.016**	2.894*	3.816**
R^2	0.152	0.384	0.045	0.233	0.180	0.260
ΔR^2	0.000	0.232**		0.189**	0.135**	0.081**

注：$*p<0.05$，$**p<0.01$；"外资企业"是基准变量。

我们接下来采用 Baron 和 Kenny（1986）的经典方法检验员工行为双元性的中介作用。第一步，方程 5 表明自变量人力资源管理双元性和因变量组织绩效之间存在显著正相关（β=0.403，p<0.01）；第二步，方程 2 表明自变量人力资源管理双元性和中介变量员工行为双元性之间存在显著正相关（β=0.527，p<0.01）；第三步，当同时加入自变量人力资源管理双元性和中介变量员工行为双元性时，人力资源管理双元性和组织绩效的相关性从 0.403 下降为 0.212，且不再显著，而中介变量员工行为双元性和组织绩效依然呈现显著正相关（β=0.362，p<0.01），方差贡献率 R^2 和加入中介变量之前的回归方程相比显著增加了 8.1%。因此，统计结果表明，员工行为双元性在人力资源管理双元性和组织绩效之间起到了完全中介作用，假设 3 得到支持。

四、结论与讨论

本研究把组织双元性理论引入战略人力资源管理和员工行为领域，提出了"人力资源管理双元性—员工行为双元性—组织绩效"的理论模型。研究结果表明，企业人力资源管理双元性（同时存在探索性导向和利用性导向）能够带来员工行为双元性，而员工在工作中兼顾探索性任务和利用性任务的这种行为双元性促进了企业绩效的提升。本研究对战略人力资源管理的理论和实践都有着重要的贡献与启示。

首先，本研究将组织双元性理论拓展应用到人力资源管理研究中，这无论是对组织双元性研究还是对战略人力资源管理研究而言都带来了重要的理论贡献。组织双元性是近年来在战略和组织领域兴起的研究热点，诸多研究证明了战略和组织双元性对组织绩效的积极作用（Levinthal 和 March，1993；Gibson 和 Birkinshaw，2004；Lubatkin 等，2006；Venkatraman 等，2007）。面对战略和组织理论的新突破，战略人力资源管理研究领域也应该出现新的理论突破。然而，在现有的战略人力资源管理研究中，无论是通用还是权变的视角，无论是把组织战略作为人力资源管理的前因变量还是作为人力资源管理和企业绩效关系的调节变量，其前提都是基于战略是"非此即彼"的"一元性"假设。和以往研究不同，本文在战略和组织双元性假设的基础上，提出了人力资源管理双元性的概念并且尝试对其进行了测量，并检验了人力资源管理双元性、员工行为双元性和组织绩效三者之间的关系。本文基于双元性来研究企业的人力资源管理系统将是对传统战略人力资源管理研究的重要突破，必将引起更多学者对人力资源管理双元性研究的关注。

其次，本研究的理论意义还在于将"包容并蓄"的东方思维注入现代战略人力资源管理研究中。组织双元性理论认为，双元性是企业竞争力的来源，有活力的组织能够更好地解决组织悖论，在两种极端共存的情况下发生变革，这种管理思想非常接近东方思维。中国传统哲学和思维历来强调"包容并蓄"，认为看似矛盾的概念、思想或实践是可以共存的，正是这种共存带来的"阴阳平衡"成为事物长期生命力的来源。然而，现代管理学研究多把战略、组织、人力资源管理等概念存在的不同模式进行割裂对待，这根源于西方学术研究中"非此即彼"的思维。近年来，部分学者已经认识到东西方思维的差异并开始呼吁要在学术研究中更好地体现东方思维的特点及其对管理现象的解释力（Chen 和 Miller，2011；Chen 等，2011）。在这种背景下，本文证实了人力资源管理可以引导员工兼顾看似相悖的目标和任务，检验了人力资源管理双元性对员工行为双元性和企业绩效的积极作用，这将有助于证明基于东方思维构建的管理概念和理论可以对全球管理理论研究产生重要贡献。

最后，本文把个体双元性研究从领导和管理者层次延伸到了企业中的普通员工层次，并从一个新的视角解释了战略人力资源管理对企业绩效的作用机制。在知识经济时代，随着组织结构扁平化，企业中的普通员工开始承担更多的自我管理和工作决策等职责。因此，从个体的角度看，不仅企业的领导和管理者是组织双元性的重要来源，普通员工也是组织双元性的重要来源，这就要求员工在日常工作中既需要开展探索性活动（如不断学习新知识和新技能、开发新产品和服务、在工作流程方面做出创新等），又需要开展利用性活动（如维持现有客户和市场、改良现有产品和技术、从事例行性的工作等），并且要在这两者之间寻求平衡。尽管对大企业而言可以通过更加专业化的分工获得结构双元性，然而越来越多的高科技中小企业开始在经济生活中扮演越来越重要的角色。对这些中小高科技企业而言，通过设计人力资源管理系统的双元性来引导员工同时关注探索性和利用性任务是非常重要的。本研究测量了员工行为的双元性，并且证明了员工行为双元性在人力资源管理双元性和组织绩效之间起到了中介作用，这从一个新的视角解释了战略人力资源管理对企业竞争力的作用机制。

诚然，作为实证研究，本文也存在一些不足。第一，我们没有检验战略双元性和人力资源管理双元性之间的关系，这需要在后续研究中进行补充。第二，我们对员工行为双元性的测量参考了以往研究对管理者行为双元性的测量。尽管高科技企业的员工在工作中承担起越来越多的传统上管理者才承担的职责（如工作计划、决策、时间分配、自我管理等），而且我们也通过焦点组访谈确保了测量的内容效度，但后续研究有必要通过质性研究找到更加科学有效的方法来测量员工行为的双元性。第三，本研究中组织绩效的数据属于主观评价数据，尽管目前国内也有很多实证研究对组织绩效采用了主观评价的方法，但我们认为后续研究如果能把主观绩效和客观绩效数据相结合，研究结论将更加具有说服力。

〔参考文献〕

［1］李乾文，赵曙明，张玉利. 组织探索能力、开发能力与企业绩效的实证研究［J］. 当代财经，2009（6）.

［2］李忆，司有和. 探索式创新、利用式创新与绩效：战略和环境的影响［J］. 南开管理评论，2008（5）.

［3］李桦，储小平，郑馨. 双元性创新的研究进展和研究框架［J］. 科学学与科学技术管理，2011（4）.

［4］苏中兴. 转型期中国企业的高绩效人力资源管理系统：一个本土化的实证研究［J］. 南开管理评论，2010（4）.

［5］苏中兴. 中国情境下人力资源管理与企业绩效的中介机制研究——激励员工的角色外行为还是规范员工的角色内行为？［J］. 管理评论，2010（8）.

［6］杨东. 双元能力对企业绩效的影响——对软件接包企业的实证研究［J］. 软科学，2011（7）.

［7］张徽燕，李端凤，姚秦. 中国情境下高绩效工作系统与企业绩效关系的元分析［J］. 南开管理评论，2012（3）.

［8］张玉利，李乾文. 双元型组织研究评介［J］. 外国经济与管理，2006（1）.

［9］周俊，薛求知. 双元型组织构建研究前沿探析［J］. 外国经济与管理，2009（1）.

［10］Adler P. S., Goldoftas B. & Levine D. I. Flexibility versus efficiency? A case study of model changeovers in the toyota production system［J］. Organization Science, 1999, 10（1）: 43-68.

［11］Benner M. J. & Tushman M. L. Exploitation, exploration, and process management: The productivity dilemma revisited［J］. Academy of Management Review, 2003, 28（2）: 238-256.

［12］Birkinshaw J. & Gibson C. Building ambidexterity into an organization［J］. MIT Sloan Management Review, 2004（45）: 47-55.

［13］Cao Q., Simsek Z. & Zhang H. Modelling the joint impact of the CEO and the TMT on organizational ambidexterity［J］. Journal of Management Studies, 2010, 47（7）: 1272-1296.

［14］Chen M. J. & Miller D. The relational perspective as a business mindset: Managerial implications for East and West［J］. The Academy of Management Perspectives, 2011, 25（3）: 6-18.

［15］Chen X. P., Xie X. & Chang S. Cooperative and competitive orientation among chinese people: Scale development and validation［J］. Management and Organization Review, 2011, 7（2）: 353-379.

［16］Collins C. J. & Smith K. G. Knowledge exchange and combination: The role of human resource practices in the performance of high-technology firms［J］. Academy of Management Journal, 2006, 49（3）: 544-560.

[17] Crook T. R., Todd S. Y., Combs J. G., et al. Does human capital matter? A Meta-analysis of the relationship between human capital and firm performance [J]. Journal of Applied Psychology, 2011, 96 (3): 443.

[18] Delaney J. T. & Huselid M. A. The impact of human resource management practices on perceptions of organizational performance [J]. Academy of Management Journal, 1996, 39 (4): 949-969.

[19] Eisenhardt K.M., Furr N. R. & Bingham C. B. Crossroads-microfoundations of performance: Balancing efficiency and flexibility in dynamic environments [J]. Organization Science, 2010, 21 (6): 1263-1273.

[20] Gibson C. B. & Birkinshaw J. The antecedents, consequences, and mediating role of organizational ambidexterity [J]. Academy of Management Journal, 2004, 47 (2): 209-226.

[21] He Z. L. & Wong P. K. Exploration vs. exploitation: An empirical test of the ambidexterity hypothesis [J]. Organization Science, 2004, 15 (4): 481-494.

[22] Messersmith J. G., Patel P. C., Lepak D. P., et al. Unlocking the black box: Exploring the link between high-performance work systems and performance [J]. Journal of Applied Psychology, 2011, 96 (6): 1105.

[23] James L.R., Demaree R. G. & Wolf G. An assessment of within-group inter-rater agreement [J]. Journal of Applied Psychology, 1993, 78 (2): 306.

[24] Jansen J. J. P., George G., Van den Bosch F. A. J., et al. Senior team attributes and organizational ambidexterity: The moderating role of transformational leadership [J]. Journal of Management Studies, 2008, 45 (5): 982-1007.

[25] Jiang K., Lepak D. P., Hu J., et al. How does human resource management influence organizational outcomes? A meta-analytic investigation of mediating mechanisms [J]. Academy of Management Journal, 2012, 55 (6): 1264-1294.

[26] Kang S. C., Snell S. A. Intellectual capital architectures and ambidextrous learning: A framework for human resource management [J]. Journal of Management Studies, 2009, 46 (1): 65-92.

[27] Katila R. & Ahuja G. Something old, something new: A longitudinal study of search behavior and new product introduction [J]. Academy of Management Journal, 2002, 45 (6): 1183-1194.

[28] Levinthal D. A. Adaptation on rugged landscapes [J]. Management Science, 1997, 43 (7): 934-950.

[29] Levinthal D. A. & March J. G. The myopia of learning [J]. Strategic Management Journal, 1993, 14 (S2): 95-112.

[30] Lubatkin M. H., Simsek Z., Ling Y., et al. Ambidexterity and performance in small-to medium-sized firms: The pivotal role of top management team behavioral integration [J]. Journal of Management, 2006, 32 (5): 646-672.

[31] March J. G. Exploration and exploitation in organizational learning [J]. Organization Science, 1991, 2 (1): 71-87.

[32] Marh F. Hybrid strategy and firm performance: The moderating role of individual and technological ambidexterity [M] // Aligning Information Technology, Organization, and Strategy, Gabler, 2010: 89-139.

[33] Markman G. D., Siegel D. S. & Wright M. Research and technology commercialization [J]. Journal of Management Studies, 2008, 45 (8): 1401-1423.

[34] Mom T. J. M., Van Den Bosch F. A. J. & Volberda H. W. Understanding variation in managers' ambidexterity: Investigating direct and interaction effects of formal structural and personal coordination mechanisms [J]. Organization Science, 2009, 20 (4): 812-828.

[35] Messersmith J.G., Patel P.C. & Lepak D.P. Unlocking the black box: Exploring the link between high-performance work systems and performance [J]. Journal of Applied Psychology, 2011, 96 (6): 1105-1118.

[36] Ployhart R. E. & Moliterno T. P. Emergence of the human capital resource: A multilevel model [J]. Academy of Management Review, 2011, 36 (1): 127-150.

[37] Raisch S., Birkinshaw J., Probst G., et al. Organizational ambidexterity: Balancing exploitation and exploration for sustained performance [J]. Organization Science, 2009, 20 (4): 685-695.

[38] Rivkin J. W. & Siggelkow N. Balancing search and stability: Interdependencies among elements of organizational design [J]. Management Science, 2003, 49 (3): 290-311.

[39] Simsek Z. Organizational ambidexterity: Towards a multilevel understanding [J]. Journal of Management Studies, 2009, 46 (4): 597-624.

[40] Smith W. K. & Tushman M. L. Managing strategic contradictions: A top management model for managing innovation streams [J]. Organization Science, 2005, 16 (5): 522-536.

[41] Sun L. Y., Aryee S. & Law K. S. High-performance human resource practices, citizenship behavior, and organizational performance: A relational perspective [J]. Academy of Management Journal, 2007, 50 (3): 558-577.

[42] Sheremata W.A. Centrifugal and centripetal forces in radical new product development under time pressure [J]. Academy of Management Review, 2000, 25 (2): 389-408.

[43] Simsek Z., Heavey C., Veiga J.F., et al. A typology for aligning organizational ambidexterity's conceptualizations, antecedents, and outcomes [J]. Journal of Management Studies, 2009, 46 (5): 0022-2380.

[44] Takeuchi R., Lepak D. P., Wang H., et al. An empirical examination of the mechanisms mediating between high-performance work systems and the performance of Japanese organizations [J]. Journal of Applied Psychology, 2007, 92 (4): 1069.

[45] Tushman M. L., O'Reilly C. A. Managing evolutionary and revolutionary change [J]. California Management Review, 1996, 38 (4): 8-28.

[46] Venkatraman N., Lee C. H. & Iyer B. Strategic ambidexterity and sales growth: A longitudinal test in the software sector [C] // Unpublished Manuscript (Earlier Version Presented at the Academy of Management Meetings, 2005), 2007.

[47] Wright P. M., Dunford B. B. & Snell S. A. Human resources and the resource based view of the firm [J]. Journal of Management, 2001, 27 (6): 701-721.

[48] Wright P. M. & McMahan G. C. Theoretical perspectives for strategic human resource management [J]. Journal of Management, 1992, 18 (2): 295-320.

[49] O'Reilly C. A. & Tushman M.L. The ambidextrous organization [J]. Harvard Business Review, 2004, 82 (4): 74-82.

Human Resource Management Ambidexterity, Employee Behavior Ambidexterity and Firm Performance

SU Zhongxing   JIA Junjun

Abstract: Organizational ambidexterity literature suggested that the organization must be able to deal with seemingly contrary goals (such as exploration and exploitation) in order to achieve sustainable competitive advantage. Based on this, this paper proposed the concept of human resource management ambidexterity, and tested the relationship between human resource management ambidexterity, employee behavior ambidexterity, and firm performance. The empirical results showed that human resource management ambidexterity had a positive effect on employee behavior ambidexterity, employee behavior ambidexterity had a positive effect on firm performance, and the employee behavior ambidexterity played a mediating role between human resource management ambidexterity and firm performance.

Key Words: Human Resource Management Ambidexterity; Employee Behavior Ambidexterity; Firm Performance; Mediating Effect

何时"施恩",何时"树威"?内隐追随理论视角下家长式领导行为的诱发机制

王 震[1] 彭 坚[2]

(1. 中央财经大学商学院,北京 100081; 2. 暨南大学管理学院,广州 510632)

[摘 要] 家长式领导作为本土领导理论的经典代表,被大量研究证实能够给组织和员工带来诸多影响。然而,关于家长式领导的形成机理至今仍是一个黑箱。随着内隐追随理论的提出,学者们逐渐认识到,领导行为在一定程度上取决于领导者的内隐认知,尤其是领导者对追随者持有的固有看法。鉴于此,本文以内隐追随理论为视角,探讨了领导—追随双方的内隐追随(包括积极追随原型和消极追随原型)一致性能否预测家长式领导(仁慈领导和权威领导)的形成。基于245份上下级配对数据,采用多项式回归和响应面分析发现:①领导—追随双方的积极追随原型越一致,领导越多地表现出仁慈行为;在一致性情形下,双方的积极追随原型越高,仁慈领导行为越频繁。②领导—追随双方的消极追随原型越一致,领导越少地表现出权威行为;在一致性情形下,双方的消极追随原型越高,权威领导行为越频繁。

[关键词] 内隐追随理论;追随原型;仁慈领导;权威领导;多项式回归

引 言

长期以来,诸如变革型领导、交易型领导、魅力型领导和领导—下属交换等一系列根植于西方情境的领导理论在国内外领导学研究中占据主导地位。随着"管理研究情境化"思潮的兴起,越来越多的学者开始批判直接将西方领导理论迁移至东方情境的做法,并大力呼吁采取主位研究范式去建构具有东方特色的领导理论(凌文辁等,1991;郑伯埙,1995)。家长式领导便是根植于东方文化的领导理论经典代表,它是一种用父亲对待孩子的方式来治理和控制组织的领导方式。具体而言,家长式领导是整合了仁慈、德行和权威三种家长式作风的领导模式(郑伯埙等,2000),具体表现为施恩、立德和树威。其中,仁慈领导是指领导者对追随者工作和个人福祉表现出长久关怀,包括工作上的宽容体谅和生活上的个别照顾;德行领导是指领导者展现较高的个人操守和道德品质,尤其是公私分明、以身作则等树德行为;权威领导则是一种主张权威不容挑战、严密控制追随者、要求追随者完全服从的领导方式,表现为专权作风、形象整饰、贬低能力和斥责教诲(郑伯埙等,2000)。自该领导方式提出以来,便受到大量研究的关注,并被证实能够对组织及其成员产生重要影响,如工作态度、组织绩效和组织公民行为等(Chen等,2014;鞠芳辉等,2008)。既然家长式领导对组织发展如此重要,那么组织应当如何预测、培养或甄别家长式领

[基金项目] 国家自然科学基金项目(71302129)。

[作者简介] 王震,中央财经大学商学院,副教授、博士,研究方向:组织行为学与人力资源管理。彭坚,暨南大学管理学院,博士,研究方向:组织行为学、领导力与追随力。

导呢？遗憾的是，目前有关家长式领导形成机制的探索还尤为缺乏。响应 Wang 和 Peng（2016）的研究呼吁，本文拟将研究视角转向家长式领导的前因机制。

大脑是人类行为的操控器，而大脑认知在操控行为的过程中扮演着核心作用。在组织管理情境中，大脑认知对于领导者的行为同样起着操控作用。McGregor（1960）曾提出，领导者的大脑认知塑造着其管理追随者的方式。近几年，内隐追随理论（Implicit Followership Theories，IFTs）的提出，将基于认知视角的领导行为的研究再次推向了热潮。例如，一些学者陆续探讨了领导者 IFTs 与变革型领导、辱虐管理、授权型领导的关系。这些研究不仅为我们从 IFTs 视角揭示家长式领导的成因提供了潜在可能，也为我们的后续研究留下了可探索的空间。首先，这些研究说明 IFTs 作为领导者对追随者特质所持有的潜在假设，会影响领导者对待追随者的行为方式（Sy，2010）。倘若领导者潜意识认为追随者会展现出一系列积极的态度和品质，那么这种积极信念可能会激发领导者更加关怀体恤追随者；相反，倘若领导者潜意识认为追随者本质上是反抗者、不称职和盲从者，则会对其采取更加森严的管理方式。从这个逻辑来讲，IFTs 能够预测家长式领导中仁慈领导行为和权威领导行为的形成。由于德行领导主要涉及领导者个人道德品质（郑伯埙等，2010），而道德品质是一种比较稳定的个性特征，因此其成因往往超出领导和下属的互动范畴（王震等，2012；王震等，2017），所以本研究主要探讨 IFTs 与仁慈、权威领导行为的关系。其次，这些研究聚焦在考察领导者的 IFTs，而有关追随者的 IFTs 还缺乏探究。彭坚和王霄（2016）指出，领导—追随双方在 IFTs 上既可能持有共同看法，也可能存在差异，而这种一致或差异情形会进一步影响领导—追随双方的互动表现。可见，追随者 IFTs 是领导者 IFTs 作用效果的一个重要情境因素，我们在开展研究时，有必要将领导—追随双方的 IFTs 纳入同一框架进行考量。

综上所述，本文将探索领导者—追随者 IFTs 的一致性与家长式领导中仁慈、权威领导行为的关系，以期打开家长式领导的前因黑箱。特别地，本文将采用多项式回归来揭示 IFTs 的一致性效应。关于 ITFs 的一致性研究，Coyle 和 Foti（2015）曾采用差异分数法揭示了上下级 IFTs 的一致性对领导—成员交换、合作的影响。然而，差异分数法容易造成信效度降低和伪相关（Edwards，1993）。多项式回归方法在一定程度上可以弥补差异分数法的不足。此外，结合响应面分析，本文通过三维图形更形象地解释了上下级的 IFTs 在多种情形下（一致性线和不一致性线）对家长式领导的影响效应。

一、理论与假设

（一）内隐追随理论的起源与发展

在组织管理中，有这样一种现象：当领导者向下属表达高绩效的信念与期望时，下属更能实现卓越的绩效表现。从理论视角来看，上述现象被称为管理中的皮格马利翁效应（Pygmalion Effect），旨在说明信念与期望对行为的塑造作用。通用电气公司前任总裁杰克·韦尔奇、钢铁大王安德鲁·卡内基以及石油大王约翰·洛克菲勒等都是皮格马利翁效应的实践者，他们通过向追随者传递积极的信念与期望，帮助公司屡创佳绩。受皮格马利翁效应的启发，学者们从认知视角对领导力、绩效和创新等议题进行了大量探索，并发展出内隐领导、内隐绩效和创新期望等经典理论。近几年，随着追随力研究的发展，这股认知的研究热潮拓展至追随力研究领域，发展出 IFTs 这一前沿主题（Sy，2010；杨红玲和彭坚，2015）。

IFTs 是一种储存于个体大脑中的关于追随角色特征的潜在假设，即关于追随者应当具备的特质的信念与期望（Epitropaki 等，2013；Sy，2010）。依据内容效价，IFTs 包括积极追随原型和消极追随原型，其中，积极追随原型表征了个体对追随者具有一种积极的角色期望，而消极追随原型则恰恰相反（彭坚和王霄，2016）。在领导—追随互动过程中，领导者的IFTs通常会被激活，激活后的IFTs将影响领导者对追随者的期望及管理方式（Duong，2011；Whiteley等，2012），进而影响追随者的工作满意度、组织承诺、工作绩效和组织公民行为。可见，正确地认识或利用IFTs，有助于提升领导的有效性。

（二）积极追随原型与仁慈领导

依据期望的追随特质的内容效价，IFTs分为积极追随原型和消极追随原型。积极追随原型是一种关于追随者积极特质的信念与期望，Sy（2010）将其分为勤勉（Industry）、热忱（Enthusiasm）和好公民（Good Citizen）三个内容。勤勉体现了个体对追随者的努力、高效和卓越等工作行为的期望，热忱体现了个体对追随者的随和、快乐和活力等工作状态的期望，好公民体现了个体对追随者的忠诚、团队精神和值得信赖等工作道德的期望（彭坚和王霄，2016）。

持有积极追随原型的领导者对追随者形成了一种积极认知，即认为追随者在工作行为、状态和道德上具备一系列积极特征。依据认知—行为链，领导者的这种积极认知将激发积极的领导行为，具体表现为：对追随者工作行为的积极认知将激发领导者给予追随者更多的工作资源、教育辅导和鼓励，对追随者工作状态的积极认知将激发领导者给予追随者更多的心理关怀和慰问，对追随者工作道德的积极认知将激发领导者对追随者的肯定和信任，这有利于领导者与追随者建立情感联系，使得领导者对追随者的照顾拓展至私人生活（Chen等，1997）。此外，XY理论指出，对追随者持积极认知的领导者会通过更加人性化的方式来管理追随者（McGregor，1960）。在实证研究方面，Duong（2011）证实领导者的积极追随原型能够促进领导者展现个性化关怀和鼓舞人心等领导方式。Wang和Peng（2016）在中国家族企业中发现华人领导者会对契合心目中理想原型的追随者施予更多恩惠。可见，在本土情境下，领导者的积极追随原型能够激发仁慈领导行为。

然而，领导者积极追随原型所激发的仁慈领导行为并非一成不变。依据垂直对偶（Vertical Dyad Linkage）领导理论，在领导—追随长期互动过程中，仁慈领导行为会因不同追随者而产生差异。具体而言，当领导者与追随者的积极追随原型达成一致时，领导者会展现最多的仁慈领导行为（Liden等，1980）。首先，依据人与环境匹配的观点，领导者与追随者在积极追随原型上的一致属于一种辅助性匹配，即两者在积极追随角色的期望上具有高度相似性（Muchinsky等，1987）。这种相似性意味着领导者对追随者的期望与追随者对自身的期望是一致的，这有利于领导者和追随者双方在授予和接受工作角色过程中达成共识（Matta等，2015），形成共同的工作目标。共同目标联结着领导者与追随者，激发领导者向追随者提供更多的工作和生活资源，以帮助追随者实现目标（Kristof-Brown等，2005；Zhang等，2012）。其次，依据相似吸引观点，领导者和追随者在积极追随原型上相似容易激发双方的喜爱之情和交流意愿，在领导—追随互动过程中更能理解双方的行为意向，促进彼此之间社会交换的顺利进行，形成高质量的交换关系（Byrne等，1971）。在华人组织中，郑伯埙（1995）提出家长式领导者充满仁治色彩，对待高质量交换关系的圈内人有较强的互惠义务感，会较为宽容、体谅，授权幅度较大。最后，依据原型匹配观点，当领导者—追随者的积极追随原型达成一致时，领导者的积极追随原型能够与追随者的特征匹配成功（Junker等，2014）。此时，追随者的实际表现能够满足领导者的期望，这有利于提升领导者对追随者的信任与满意，进而激发领导者提供给追随者更多的工作资源和个人关怀（Brower等，2009；Carter等，2015）。综上所述，领导者—追随者的积极追随原型的一致性能够激发仁慈领导行为。

与一致性相比，领导者和追随者的积极追随原型不一致时，则仁慈领导行为越少。这是因为相异的个体间容易相互排斥（Byrne等，1971）。更进一步地说，积极追随原型的不一致容易导致领导者和追随者对工作角色的认知产生分歧。这种分歧会引发双方的紧张和不愉悦等消极情绪，破坏双方之间的信任与交换关系（Bashshur等，2011），进而削弱仁慈领导行为。例如，当领导者的积极追随原型高于追随者时，领导者将对追随者形成较高的角色期待。然而，此时追随者对自身的角色期待相对较低，这可能会造成追随者的实际工作表现无法达到领导者的期望，进而使领导者逐渐降低对追随者的期望以及减少对追随者的资源投入和关怀。当领导者的积极追随原型低于追随者时，追随者对自身的角色期待要高于领导者，这可能会造成追随者的实际工作表现远远超出领导者的预计范畴。由于领导者不能准确预期追随者的表现，这使得领导者对交换关系产生不确定感。不确定感的增加会导致利己主义，较难考虑他人利益（Todd 等，2015）。可见，具有不确定感的领导者不仅容易减少对追随者的关怀与帮助，甚至还会怀疑过于积极主动的追随者（Frese 等，2001）。在这种情况下，仁慈领导行为会有所减少。综上所述，本文提出以下假设：

假设1：领导—追随双方的积极追随原型越一致，仁慈领导行为越多。

在一致性情形下，领导者和追随者可能同时具有较高的积极追随原型，形成高水平一致，也可能同时具有较低的积极追随原型，形成低水平一致。与低水平一致相比，领导者—追随者的积极追随原型在高水平一致时，领导者会展现更多的仁慈行为。这可以由认知—行为链（Chen 等，1997）的观点来解释：当领导者和追随者同时具有高水平的积极追随原型时，一方面，领导者会依据这个积极认知采取更加积极和关怀的领导方式来对待追随者（Sy，2010；Whiteley 等，2012），如给予追随者更多的工作和生活照顾；另一方面，追随者会依据高水平的积极追随原型来指导自己的工作（Gils 等，2010；Epitropaki 等，2004），进而表现出更优的工作绩效和组织忠诚。依据社会交换理论，此时持有相似积极追随原型的领导者将更加信任追随者，采取更加仁慈的领导方式，向追随者提供更多的工作和生活资源（Homans，1958）。当领导者和追随者同时具有低水平的积极追随原型时，一方面，领导者对追随者的积极认知不高，将导致领导者对追随者的关怀与照顾减少；另一方面，追随者自身的积极行为表现也会减少，依据社会交换理论，领导者也将相应地减少对追随者的仁慈施恩（Homans，1958）。可见，与低水平一致相比，领导者—追随者的积极追随原型在高水平一致时，仁慈领导行为更多。综上所述，本文提出以下假设：

假设2：在一致性情形下，积极追随原型"高—高"一致情形下的仁慈领导行为要多于"低—低"一致的情形。

（三）消极追随原型与权威领导

消极追随原型是一种关于追随者消极特质的信念与期望，Sy（2010）将其分为从众（Conformity）、不顺从（Insubordinate）和不称职（Incompetence）三个内容。从众体现了个体对追随者易受影响、随波逐流和言听计从等职场行为的期望，不顺从体现了个体对追随者傲慢、粗鲁和坏脾气等职场心理的期望，不称职体现了个体对追随者工作低效、缺乏教育和缺乏经验等工作能力的期望（杨红玲和彭坚，2015）。

持有消极追随原型的领导者对追随者形成了一种消极认知，即认为追随者在工作行为、心理和能力上具有消极的特征。依据认知—行为链，领导者的消极追随原型将激发负性领导方式，在高权力距离的本土情境下，这种负性领导方式主要体现为权威领导中的专权作风和贬低部属（Chen 等，1997）。此外，XY 理论也提出，对追随者持有消极认知的领导者会对追随者进行更严密的控制，较少向追随者授权（McGregor，1960）。赵君伟（2013）也证实，领导者的消极追随原型会激发一系列诸如贬低和辱骂追随者的负性领导行为。因此，本文推测领导者的消极追随原型正向影响权威领导。

同理，依据垂直对偶领导理论，权威领导行为也会因不同追随者而产生差异。当领导者与追随者的消极追随原型达成一致时，领导者会展现最少的权威领导行为，这可由辅助性匹配来解释（Muchinsky 等，1987）。当领导者与追随者的消极追随原型达成一致时，双方就追随者消极角色的认知与期望具有高度相似（领导者和追随者都认为追随者应当具备消极特征）。这种消极认知上的一致有助于双方在角色授予与接受过程中达成共识，即持有消极追随原型的领导者倾向于授予追随者低技术含量的工作任务，而持有消极追随原型的追随者同样倾向于接受低技术含量的工作任务，此时两者能够就工作目标达成共识。共同目标在一定程度上有利于领导—追随互动，建立起一定的交换关系（如交易型交换关系）（Zhang等，2012）。关系的建立在一定程度上会减缓领导者对追随者的不满与斥责（Matta等，2015），缓解领导者的专权作风。因此，当领导者与追随者的消极追随原型达成一致时，领导者会展现最少的权威领导行为。

与一致性相比，当领导者和追随者在消极追随原型上不一致时，领导者会展现较多的权威领导行为。当领导者的消极追随原型高于追随者时，领导者对追随者的工作角色期待较为消极，而此时追随者受相对较低的消极追随原型的影响，展现出的实际行为表现要优于领导者的期待。由于高消极追随原型的领导者对追随者的信任较低（Sy，2010），容易对追随者产生怀疑动机乃至认为追随者的表现超出预期是一种威胁（陶厚永等，2014），进而会加强树立领导权威并更加严密控制追随者。当领导者的消极追随原型低于追随者时，领导者对追随者的角色期待要高于追随者。在这种情况下，追随者的实际行为表现往往难以达到领导者的期望，进而容易诱发领导者的失望与不满等负性情绪，以至于加重领导者的权威作风，甚至贬低和斥责追随者。综上所述，本文提出以下假设：

假设3：领导—追随双方的消极追随原型越一致，权威领导行为越少。

在一致性情形下，领导者和追随者的消极追随原型可能在高水平一致，也可能在低水平一致。当领导者和追随者同时具有高水平的消极追随原型时，领导者会依据高水平的负性认知，展现出更加权威的领导方式（Neuliep，1987；赵君伟，2013）。此时，追随者也会依据高水平的负性认知，形成较低的工作表现（Gils等，2010），进而引起领导者的不满，以至于领导者会更加严密地控制和监督追随者。在这种情形下，权威领导行为最多。当领导者和追随者同时具有低水平的消极追随原型时，领导者会依据低水平的负性认知，展现出相对较少的权威领导方式。此时，追随者亦会依据低水平的负性认知，形成较少的消极工作表现，这在一定程度上能够减缓领导者的负性态度，缓和权威领导。可见，与低水平一致相比，领导者—追随者的消极追随原型在高水平一致时，权威领导行为更多。综上所述，本文提出以下假设：

假设4：在一致性情形下，消极追随原型"高—高"一致情形下的权威领导行为要多于"低—低"一致的情形。

二、研究方法

（一）研究对象与程序

本研究采用问卷调查法，联系广东和江西地区4家公司或企业，涉及的行业包括食品、通信、交通运输和建筑设计。本研究采用现场发放和回收的方式，邀请了274对"领导者—追随者"参与研究调查。问卷发放前，我们先对追随者进行编号并将其标注在问卷上。在施测过程中，我们依次将问卷发放给编号对应的追随者。追随者填写的问卷包括IFTs（积极追随原型和消极追随原型）、仁慈领导和权威领导量表。待追随者问卷收齐后，我们再邀请直属上司填写IFTs。问卷回收后，剔除乱答和漏答的问卷，然后对领导者与追随者的问卷进行配对，共获得有效问卷245份，有效回收率为89.41%。在245名追随者样本中，男性112名，平均年龄为29.38岁，平均受教育年龄为16.88年，与领导共事时间平均为3.06年。在86名领导者样本中，男性60名，平均年龄为35.62岁，平均受教育年龄为18.95年。

（二）测量工具

本研究采用"翻译—回译"程序将英文量表翻译成中文版。量表均采用李克特6点计分，从"1"到"6"分别表示发生频率或符合程度由低到高。

IFTs：采用Sy（2010）编制的量表，该量表包括积极追随原型和消极追随原型两个二阶因子。积极追随原型由9个积极追随特质词汇构成，如工作努力。消极追随原型由9个消极追随特质词汇构成，如傲慢自大。在施测过程中，指导语部分要求被试评价这些积极和消极词汇在多大程度上符合其心目中期望的追随者特征。在本研究中，领导者评价的两个分量表的Cronbach's α系数分别为0.91和0.88；追随者评价的两个分量表的Cronbach's α系数分别为0.95和0.92。

仁慈领导：采用郑伯埙、周丽芳和樊景立（2000）开发的量表。该量表由"宽容体谅"（5题）和"个别照顾"（6题）两个因子构成。样题如"当我碰到难题时，领导会实时给我鼓励"。本研究中，该量表的Cronbach's α系数为0.91。

权威领导：采用郑伯埙等（2010）研究中使用的第二版权威领导量表，共5题。样题如"当工作目标无法达成时，领导会斥责我"。本研究中，该量表的Cronbach's α系数为0.94。

控制变量：依据Zhang等（2012）的建议，本研究将领导者与追随者的性别、年龄和教育年限的一致性（分数差值的绝对值）以及共事时间作为控制变量，其中，性别编码为虚拟变量（0=男，1=女），其余均为连续变量。另外，内隐领导理论指出，追随者往往会运用大脑中储存的一套标准（领导原型）来评价领导者（Epitropaki，2004），因此，本研究将追随者的领导原型作为控制变量，并从凌文辁和艾尔卡（1991）开发的量表中每个维度选取负荷量最高的3题作为测量题项。

（三）数据分析技术

本研究首先采用SPSS 19.0进行描述性统计与相关分析，其次采用AMOS 17.0进行验证性因素分析，然后采用SPSS 19.0进行多项式回归，并结合响应面分析技术（Edwards，1993）检验匹配效应，最后采用SPSS插件PROCESS进行中介效应和Bcbootstrap置信区间检验。

三、结　果

（一）描述性统计与相关分析结果

表1呈现了本研究中各变量的平均数、标准差和相关系数。由表1可知，领导者的积极追随原型与仁慈领导显著正相关（r=0.16，p<0.05），与权威领导相关但不显著（r=0.02，ns）；领导者的消极追随原型与仁慈领导相关但不显著（r=0.02，ns），与权威领导显著正相关（r=0.29，p<0.01）；追随者的积极追随原型与仁慈领导显著正相关（r=0.18，p<0.01），与权威领导显著负相关（r=-0.27，p<0.01）；追随者的消极追随原型与仁慈领导显著负相关（r=-0.13，p<0.05），与权威领导显著正相关（r=0.29，p<0.01）。

表1　研究变量的平均数、标准差和相关系数

	1	2	3	4	5	6	7
1. IFTs	(0.91)						
2. 领导者积极追随原型	0.13*	(0.88)					

	1	2	3	4	5	6	7
3. 领导者消极追随原型	−0.06	−0.24**	(0.84)				
4. 追随者积极追随原型	0.09	0.04	−0.20**	(0.95)			
5. 追随者消极追随原型	−0.05	−0.02	0.11	−0.51**	(0.92)		
6. 仁慈领导	0.16*	0.16*	0.02	0.18**	−0.13*	(0.91)	
7. 权威领导	−0.11	0.02	0.29**	−0.27**	0.29**	−0.28**	(0.94)
平均数	4.22	4.74	2.16	4.01	2.18	4.06	2.80
标准差	0.74	0.94	0.93	1.04	0.85	0.74	0.99

注：追随者 n = 245，领导者 n = 86。**p < 0.01，*p < 0.05。对角线括号内数值为信度。

（二）假设检验

表2是多项式回归和响应面分析的结果。模型2显示，领导者的积极追随原型显著正向预测仁慈领导（r = 0.14，p < 0.01）。模型3加入平方项和交互项后，模型对仁慈领导的解释量显著增加（ΔR^2 = 0.07，p < 0.01）。响应面分析显示，响应面沿着不一致性线（$Y_F = -X_L$）的曲率显著为负（曲率 = −0.36，p < 0.001），这说明当领导者与追随者的积极追随原型一致时，仁慈领导行为更多；斜率不显著（斜率 = 0.00，ns），这说明在不一致的两种情形（领导者积极追随原型高于追随者或追随者积极追随原型高于领导者）下，仁慈领导没有显著差异。进一步检验发现，第一主轴的斜率与1不存在显著差异（斜率 = 0.91，ns），截距与0不存在显著差异（截距 = 0.03，ns），即响应面并未发生显著的旋转和平移。因此，假设1得到验证。响应面沿着一致性线（$Y_F = X_L$）的斜率显著为正（斜率 = 0.26，p < 0.05），且曲率不显著（曲率 = 0.01，ns），这说明领导者和追随者的积极追随原型在高水平一致时，仁慈领导行为更多。因此，假设2得到验证。

模型5显示，领导者的消极追随原型显著正向预测权威领导（r = 0.29，p < 0.001）。模型6加入平方项和交互项后，模型对权威领导的解释量显著增加（ΔR^2 = 0.09，p < 0.001）。响应面分析显示，响应面沿着不一致性线（$Y_F = -X_L$）的曲率显著为正（曲率 = 0.24，p < 0.1），这说明当领导者与追随者的消极追随原型一致时，权威领导行为更少；斜率不显著（斜率 = 0.02，ns），这说明在不一致的两种情形（领导者消极追随原型高于追随者或追随者消极追随原型高于领导者）下，权威领导没有显著差异。进一步检验发现，第一主轴的斜率与1不存在显著差异（斜率 = 0.90，ns），截距与0不存在显著差异（截距 = −0.36，ns），即响应面并未发生显著的旋转和平移。因此，假设3得到验证。响应面沿着一致性线（$Y_F = X_L$）的斜率显著为正（斜率 = 0.33，p < 0.05），且曲率不显著（曲率 = 0.43，ns，标准误较大导致不显著），这说明领导者和追随者的消极追随原型在高水平一致时，权威领导行为更多。因此，假设4得到验证。

表2 多项式回归结果与响应面分析

变量	仁慈领导			权威领导		
	模型1	模型2	模型3	模型4	模型5	模型6
常数项	3.40***	3.69***	3.65***	3.49***	3.04***	2.80***
控制变量						
性别差异	0.09	0.08	0.10	−0.10	−0.05	−0.12
年龄差异	−0.01	−0.01	−0.00	−0.00	0.00	0.00

变量	仁慈领导			权威领导		
	模型1	模型2	模型3	模型4	模型5	模型6
受教育年限差异	0.00	−0.00	0.00	0.02	0.01	0.01
共事时间	−0.00	−0.02	−0.01	−0.01	0.02	0.00
领导原型	0.16*	0.12+	0.14*	−0.15	−0.11	−0.11
自变量						
领导者积极追随原型		0.14**	0.13+		0.10	0.06
追随者积极追随原型		0.15*	0.13+		−0.19*	−0.09
领导者积极追随原型平方			−0.08			0.05
领导者积极追随原型×追随者积极追随原型			0.19***			−0.08
追随者积极追随原型平方			−0.10+			0.14*
领导者消极追随原型		0.06	0.10		0.29***	0.18*
追随者消极追随原型		−0.06	−0.07		0.25**	0.15
领导者消极追随原型平方			0.02			0.17*
领导者消极追随原型×追随者消极追随原型			−0.05			0.09
追随者消极追随原型平方			0.04			0.16+
F值	1.73	2.84**	3.01***	1.40	6.44***	6.34***
R^2	0.04	0.10	0.17	0.03	0.20	0.29
ΔR^2		0.06**	0.07**		0.17***	0.09***
响应面分析	积极追随原型一致性效应			消极追随原型一致性效应		
第一主轴	Y = 0.03 + 0.91X			Y = −0.36 + 0.90X		
一致性线（$Y_F = X_L$）	斜率 = 0.26* 曲率 = 0.01			斜率 = 0.33* 曲率 = 0.43		
不一致性线（$Y_F = −X_L$）	斜率 = 0.00 曲率 = −0.36***			斜率 = 0.02 曲率 = 0.24+		

注：***$p < 0.001$，**$p < 0.01$，*$p < 0.05$，+$p < 0.10$，表中为非标准化回归系数。在一致性线（$Y_F = X_L$）上，斜率 $a_1 = b_1 + b_2$，曲率 $a_2 = b_3 + b_4 + b_5$；在不一致性线（$Y_F = -X_L$）上，斜率 $a_3 = b_1 - b_2$，曲率 $a_4 = b_3 - b_4 + b_5$。b_1 为领导者的追随原型的系数，b_2 为追随者的追随原型的系数，b_3 为领导者的追随原型的平方项系数，b_4 为两者的追随原型的交互项系数，b_5 为追随者的追随原型的平方项系数。

基于模型3和模型6的数据，我们绘制了响应面图。在图中，不一致性线由底面左角（X = −3，Y = 3）延伸到右角（X = 3，Y = −3），一致性线由底面前角（X = −3，Y = −3）延伸至后角（X = 3，Y = 3）。图1显示的是一个凸形响应面，投射到响应面上的不一致性线呈倒U形，表明当领导者与追随者的积极追随原型越接近一致，仁慈领导行为越多。投射到响应面的一致性线近似直线，这表明领导者和追随者的积极追随原型在高水平一致时，仁慈领导行为更多。图2显示的是一个凹形响应面，投射到响应面上的不一致性线呈U形，表明当领导者与追随者的消极追随原型越接近一致，权威领导行为越少。投射到响应面上的一致性线是一条曲率不显著的曲线，这表明，与低水平一致相比，领导者和追随者的消极追随原型在高水平一致时，权威领导行为更多。

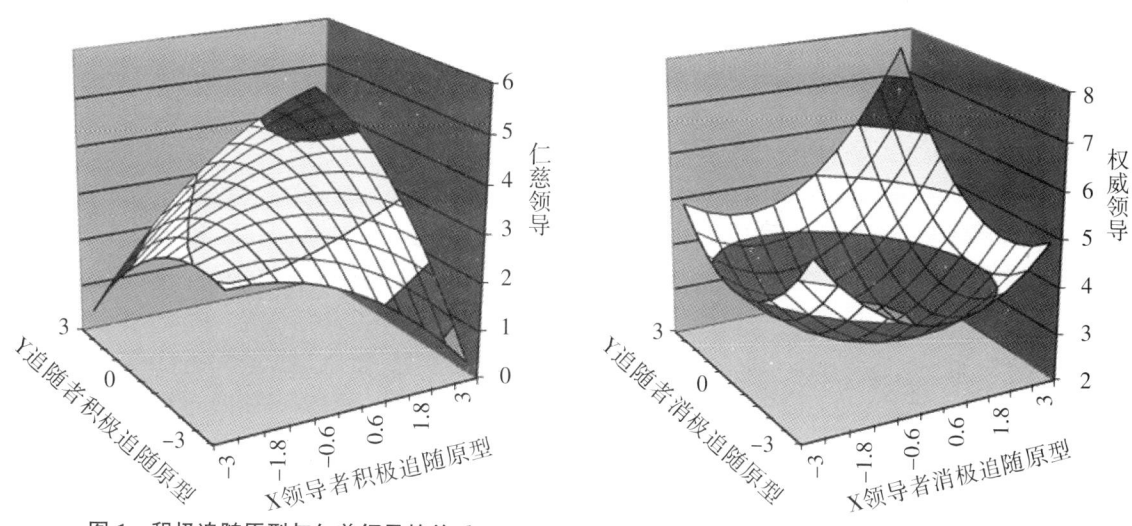

图 1　积极追随原型与仁慈领导的关系　　　　图 2　消极追随原型与权威领导的关系

四、结论与讨论

虽然已有研究认为，领导者的 IFTs 是影响西方领导行为的重要因素，但是，在中国情境下，领导者的 IFTs 能否与追随者的 IFTs 共同作用于家长式领导行为？这些问题尚未得到深入探究。本研究基于上述疑问，立足于本土领导情境，采用问卷调查法揭示了：①领导者—追随者的积极追随原型越一致，仁慈领导行为越多；在一致性情形下，双方的积极追随原型越高，仁慈领导行为越多。②领导者—追随者的消极追随原型越一致，权威领导行为越少；在一致性情形下，双方的消极追随原型越高，权威领导行为越多。

（一）理论意义

首先，本研究突破了家长式领导研究仅聚焦于效能后果的局限，将研究视角投向形成机制，并从上下级 IFTs 一致性的视角打开了家长式领导的前因黑箱。早期，一些学者陆续探讨了领导者 IFTs 与变革型领导、辱虐管理、授权型领导等西方领导理论之间的关系。鉴于中西方在文化方面（如个人主义—集体主义文化价值观和权力距离等）存在较大差异，近年来越来越多的学者开始呼吁在中国情境下关注本土领导行为的发展与培养，而非简单地检验或复制西方领导理论。中国深受儒家和法家两派传统思想的影响，孕育出华人独特的家长式领导行为，它整合了仁慈领导和权威领导（郑伯埙等，2000）。Wang 和 Peng（2016）从领导者的积极追随原型出发揭示了仁慈领导的诱发机制，并发现领导者的积极追随原型与追随者的积极追随特质之间的匹配程度会正向预测仁慈领导。本研究将积极和消极两种效价的追随原型共同纳入研究框架，并在此基础上探讨了内隐追随与权威领导的关系。结果发现，华人领导者和追随者的 IFTs 不仅与仁慈领导存在关系，还与权威领导有联系。因此，本文的第一个理论贡献是拓展了 IFTs 与本土领导行为关系的研究，对本土情境下的 IFTs 研究、家长式领导理论都起到了知识补充作用。

其次，虽然以往研究证实领导者的 IFTs 能够影响领导行为（Duong，2011；赵君伟，2013），但忽略了追随者的 IFTs 在上述影响过程中的作用，若将领导者和追随者的 IFTs 共同纳入研究框架，更能揭示 IFTs 影响领导行为的复杂机制。正如 Wang 和 Peng（2016）所发现的，领导者的积极追随原型会协同追随者的积极追随特质塑造仁慈领导行为，从而开辟了从上下级匹配视角探索家长式领导的研究路径。需要注意的是，追随者 IFTs 与积极追随特质并不相同，前者是追随者的内隐认知，后者是追随者的真实表现（Epitropaki 等，2013）。与追随特质相比，IFTs 之间的一致性更能够凸显上下级之间的行为默契，进而更有利于预测行为互动（彭坚和王霄，2016）。一般而言，领导者和追随者的 IFTs 存在一致与不一致两种情形，并且两者的交换关系在这两种情形下存在差异，这将进一步影响双方在互动中的行为表现。在一致情形下，领导者和追随者在追随角色认知上达成一致，这有利于建立共同目标并维持交换关系的发展（彭坚和王霄，2016），进而激发仁慈领导行为和减少权威领导行为。在不一致情形下，双方对追随角色的认知和期望会产生分歧和冲突，这易违背社会交换中的等价交换和互惠规范（Johnson 等，2003），进而弱化仁慈领导行为和增强权威领导行为。可见，具有积极或消极追随原型的领导者未必一定会展现高水平的仁慈或权威领导行为，这还需取决于追随者的 IFTs。当两者一致时，领导方式最优。上述结果支持了领导—追随双方 IFTs 匹配影响领导—成员交换的观点（Coyle 等，2015），并进一步回答了"仁慈和权威领导究竟是一视同仁的平均领导风格，抑或是因追随者而异的垂直对偶领导风格"这个问题。在领导初期，领导者的 IFTs 很可能决定着平均领导风格。随着领导—追随互动的增多，追随者的 IFTs 很可能会通过塑造追随行为进而影响对偶领导风格。将领导者和追随者的 IFTs 进行匹配，能够更好地揭示 IFTs 与仁慈、权威领导行为之间的关系。

再次，本研究还为人与领导匹配理论的观点——领导者和追随者在人格、情感和认知上的匹配能够带来积极的影响效果（Kristof-Brown 等，2005；Chen 等，2016）——提供了新的证据与支持，并将人与领导匹配的影响效果从"追随者心理与行为"扩展至"领导行为"。需要补充一点，一些研究发现个体间的相异性也能够带来一些积极的结果，例如，支配型领导与服从型追随者的配对能提高工作满意度和组织公民行为（Glomb 等，2005）。其实，上述情况属于一种互补性匹配，即追随者满足了领导者的支配需求。本研究认为，辅助性（相似性）匹配比互补性匹配更适用于解释追随原型的匹配效应，这是因为大量研究发现角色预期与目标的相似性更能促进交换关系的发展，进而使追随者得到领导者的支持与帮助（Zhang 等，2012）。

最后，本研究揭示了在一致性情形下，仁慈或权威领导行为随双方积极或消极追随原型的升高而增加。认知对个体的行为具有重要的导向作用（Chen 等，1997），因此，在组织中领导者和追随者会依据自身的追随原型做出相应的行为表现。就领导者而言，对追随者持有积极看法的领导者会采取更加积极和人性化的领导方式，对追随者持有消极看法的领导者则反之（McGregor，1960）。就追随者而言，为了维持认知平衡，对追随角色持有积极看法的追随者会表现出更积极的工作态度和行为，这将得到领导者的互惠回报；对追随角色持有消极看法的追随者则反之。上述发现不仅为 XY 理论提供了实证支持，也进一步验证了追随原型与领导行为之间的关联性，揭开了仁慈和权威领导的前因黑箱。

（二）实践意义

在竞争激烈的市场经济下，良好的员工态度和绩效是组织获取竞争优势的重要途径。在这种现实背景下，仁慈领导和权威领导作为影响员工态度与绩效的重要因素，在本土乃至国际上都引起了学界和商界的大量关注。本研究揭示了 IFTs 一致性对仁慈领导、权威领导的影响，旨在为领导力发展与培训提供启示。

为了获得追随者的拥护与支持，组织领导者需要展现仁慈领导行为，在生活上给予追随者关怀与体恤，在工作中给予追随者照顾与教导，促进追随者的资源增益，营造心理安全气氛，以提高追随者对领导者的信心，展现更积极的工作表现。那么组织应当如何培养或改善仁慈领导行为？本研究发现，当领导者和追随者的积极追随原型一致时，有利于增加仁慈领导行为，这启示我们：要增加领导者的仁慈领导行为，组织需要注重领导者与追随者的信念匹配。一方面，组织可以通过一些成员培训活动或建立有效的宣传沟通机制来促进领导者和追随者在追随角色上达成信念共识，以激发仁慈领导，提升追随者的工作态度和表现；另一方面，在人事任命、任务安排乃至团队组建过程中，组织可以将IFTs相匹配的领导者与追随者进行搭配，这样可以节省在培训和沟通项目上的投入，获得更优的投入—产出比。另外，权威领导对追随者表现的影响较为复杂，这启示组织领导者不能盲目地认为权威能够促进或抑制追随者的表现，在实践中应当培养辩证思维，视具体情境调整权威领导行为。

（三）不足与展望

本研究存在一些不足之处。首先，本研究只考察了领导者—追随者的IFTs一致性对领导行为的直接影响，而未深入探讨IFTs一致性对追随者心理与行为的直接影响。Epitropaki等（2013）指出，追随者会依据大脑中的IFTs来指导职场行为。可见，当领导者和追随者持有一致的积极追随原型时，不仅领导者会关怀和照顾追随者，追随者自身也会展现积极的工作行为表现，如工作投入和组织公民行为（Junker等，2014）等。因此，今后研究可以进一步探索领导者—追随者的IFTs一致性对工作投入和组织公民行为的影响。其次，本研究检验了IFTs一致性对仁慈领导、权威领导的影响效果，然而，这个效应是否存在调节变量还值得进一步探索。例如，领导者的人格特质很可能会约束一致性情形对领导行为的激发作用。最后，虽然本研究在理论假设上详细地讨论了自变量与因变量关系发生的逻辑，以及采用多源数据来避免同源变异，但横断面研究设计导致我们的研究结果无法进行因果定论。未来研究可以采取追踪研究设计或准实验设计来检验IFTs一致性对仁慈领导、权威领导的影响。

〔参考文献〕

［1］鞠芳辉，谢子远，宝贡敏. 西方与本土：变革型、家长型领导行为对民营企业绩效影响的比较研究［J］. 管理世界，2008（5）：85-101.

［2］凌文辁，艾尔卡. 内隐领导理论的中国研究：与美国的研究进行比较［J］. 心理学报，1991，23（3）：236-242.

［3］彭坚，冉雅璇，康勇军，韩雪亮. 事必躬亲还是权力共享？——内隐追随理论视角下领导者授权行为研究［J］. 心理科学，2016，39（5）：1197-1203.

［4］彭坚，王霄. 与上司"心有灵犀"会让你的工作更出色吗？——追随原型一致性、工作投入与工作绩效［J］. 心理学报，2016，48（9）：1151-1162.

［5］陶厚永，李薇，陈建安，李玲. 领导—追随行为互动研究：对偶心理定位的视角［J］. 中国工业经济，2014（12）：104-117.

［6］王震，明晓东，杨轶清. 本性使然还是环境塑造：CEO道德领导行为的影响因素及其传递效应［J］. 经济管理，2017（1）：100-113.

［7］王震，孙健敏，张瑞娟. 管理者核心自我评价对下属组织公民行为的影响：道德式领导和集体主义导向的作用［J］. 心理学报，2012（9）：1231-1243.

［8］王震，孙健敏，赵一君. 中国组织情境下的领导有效性：对变革型领导、领导—部属交换和破坏型领导的元分析［J］. 心理科学进展，2012（2）：174-190.

［9］杨红玲，彭坚. 内隐追随理论研究述评［J］. 外国经济与管理，2015，37（3）：16-26.

［10］赵君伟. 领导者内隐追随者理论对员工组织公民行为之影响［D］. 中国台湾东华大学硕士学位论文，2013.

［11］郑伯埙，林姿葶，郑弘岳，周丽芳，任金刚，樊景立. 家长式领导与部属效能：多层次分析观点［J］. 中华心理学刊，2010（1）：1-23.

［12］郑伯埙，周丽芳，樊景立. 家长式领导量表：三元模式的建构与测量［J］. 本土心理学研究，2000，25（1）：3-64.

［13］郑伯埙. 家长权威与领导行为之关系：一个台湾民营企业主持人的个案研究［J］. 民族学研究所集刊，

1995 (1): 119-173.

[14] Bashshur M. R., Hernández A. & González-romá V. When managers and their teams disagree: A longitudinal look at the consequences of differences in perceptions of organizational support[J]. Journal of Applied Psychology, 2011, 96 (3): 558-573.

[15] Bass B. M. From transactional to transformational leadership: Learning to share the vision [J]. Organizational Dynamics, 1990, 18 (3): 19-31.

[16] Brower H. H., Lester S. W., Korsgaard M. A. & Dineen B. R. A closer look at trust between managers and subordinates: Understanding the effects of both trusting and being trusted on subordinate outcomes [J]. Journal of Management, 2009, 35 (2): 327-347.

[17] Byrne D., Gouaux C., Griffitt W., Lamberth J., Murakawa N., Prasad M., Prasad A. & Ramirez M. The ubiquitous relationship: Attitude similarity and attraction: A cross-cultural study [J]. Human Relations, 1971, 24 (3): 201-207.

[18] Carter M. Z. & Mossholder K. W. Are we on the same page? The performance effects of congruence between supervisor and group trust [J]. Journal of Applied Psychology, 2015, 100 (5): 1349-1363.

[19] Chen M. & Bargh J. A. Nonconscious behavioral confirmation processes: The self-fulfilling consequences of automatic stereotype activation [J]. Journal of Experimental Social Psychology, 1997, 33 (5): 541-560.

[20] Chen X. P., Eberly M. B., Chiang T. J., Farh J. L. & Cheng B. S. Affective trust in Chinese leaders linking paternalistic leadership to employee performance [J]. Journal of Management, 2014, 40 (3): 796-819.

[21] Chen Y., Wen Z., Peng J. & Liu X. Leader-follower congruence in loneliness, LMX and turnover intention [J]. Journal of Managerial Psychology, 2016, 31 (4): 864-879.

[22] Coyle P. T. & Foti R. If you're not with me you're...? Examining prototypes and cooperation in leader-follower relationships [J]. Journal of Leadership and Organizational Studies, 2015, 22 (2): 161-174.

[23] Duong J. Leaders' conceptions and evaluations of followers as antecedents of leadership style, leader-member exchange and employee outcomes [D]. Doctoral Dissertation, Alliant International University, 2011.

[24] Eden D. Leadership and expectations: pygmalion effects and other self-fulfilling prophecies in organizations [J]. The Leadership Quarterly, 1992, 3 (4): 271-305.

[25] Edwards J. R. Problems with the use of profile similarity indices in the study of congruence in organizational research [J]. Personnel Psychology, 1993, 46 (3): 641-665.

[26] Epitropaki O. & Martin R. Implicit leadership theories in applied settings: Factor structure, generalizability, and stability over time [J]. Journal of Applied Psychology, 2004, 89 (2): 293-310.

[27] Epitropaki O., SyT., Martin R., Tram-Quon S. & Topakas A. Implicit leadership and followership theories "in the wild": Taking stock of information-processing approaches to leadership and followership in organizational settings [J]. The Leadership Quarterly, 2013, 24 (6): 858-881.

[28] Frese M. & Fay D. Personal initiative (PI): An active performance concept for work in the 21st century [J]. Research in Organizational Behavior, 2001 (23): 133-187.

[29] Gils V. S., Quaquebeke V. N. & Knippenberg V. D. The X-factor: On the relevance of implicit leadership and followership theories for leader-member exchange agreement [J]. European Journal of Work and Organizational Psychology, 2010, 19 (3): 333-363.

[30] Glomb T. M. & Welsh E. T. Can opposites attract? Personality heterogeneity in supervisor-subordinate dyads as a predictor of subordinate outcomes [J]. Journal of Applied Psychology, 2005, 90 (4): 749-757.

[31] Homans G. C. Social behavior as exchange [J]. American Journal of Sociology, 1958, 63 (6): 597-606.

[32] Johnson J. L. & O'Leary-Kelly A. M. The effects of psychological contract breach and organizational cynicism: Not all social exchange violations are created equal [J]. Journal of Organizational Behavior, 2003, 24 (5): 627-647.

[33] Junker N. M. & van Dick R. Implicit theories in organizational settings: A systematic review and research agenda of implicit leadership and followership theories [J]. The Leadership Quarterly, 2014, 25 (6): 1154-1173.

[34] Kedharnath U. The influence of leaders' implicit followership theory on employee outcomes [D]. Master Dissertation, Colorado State University, 2011.

[35] Kristof-Brown A. L., Zimmerman R. D. & Johnson E. C. Consequences of individual's fit at work: A meta-analysis of person-job, person-organization, person-group, and person-supervisor fit [J]. Personnel Psychology, 2005, 58 (2): 281-342.

[36] Liden R. C. & Graen G. Generalizability of the vertical dyad linkage model of leadership [J]. Academy of Management Journal, 1980, 23 (3): 451-465.

[37] Matta F. K., Scott B. A., Koopman J. & Conlon D. E. Does seeing "eye to eye" affect work engagement and organizational citizenship behavior? A role theory perspective on LMX agreement [J]. Academy of Management Journal, 2015, 58 (6): 1686-1708.

[38] McGregor D. The human side of enterprise [M]. New York, 1960.

[39] Muchinsky P. M. & Monahan C. J. What is person-environment congruence? Supplementary versus complementary models of fit [J]. Journal of Vocational Behavior, 1987, 31 (3): 268-277.

[40] Neuliep J. W. The influence of Theory X and Theory Y management styles on the selection of compliance-gaining strategies [J]. Communication Research Reports, 1987, 4 (1): 14-19.

[41] Sy T. What do you think of followers? Examining the content, structure, and consequences of implicit followership theories [J]. Organizational Behavior and Human Decision Processes, 2010, 113 (2): 73-84.

[42] Tierney P. & Farmer S. M. The pygmalion process and employee creativity [J]. Journal of Management, 2004, 30 (3): 413-432.

[43] Todd A. R., Forstmann M., Burgmer P., Brooks A. W. & Galinsky A. D. Anxious and egocentric: How specific emotions influence perspective taking [J]. Journal of Experimental Psychology, 2015, 144 (2): 374-391.

[44] Wang X. & Peng J. The effect of implicit-explicit followership congruence on benevolent leadership: Evidence from Chinese family firms [J]. Frontiers in Psychology, 2016 (7): 812.

[45] Whiteley P., Sy T. & Johnson S. K. Leaders' conceptions of followers: Implications for naturally occurring pygmalion effects [J]. The Leadership Quarterly, 2012, 23 (5): 822-834.

[46] Zhang Z., Wang M. O. & Shi J. Leader-follower congruence in proactive personality and work outcomes: The mediating role of leader-member exchange [J]. Academy of Management Journal, 2012, 55 (1): 111-130.

When Does Benevolent and Authoritarian Leadership Behaviors Occur: An Implicit Followership Theory Perspective to Understand the Antecedents of Paternalistic Leadership

WANG Zhen   PENG Jian

Abstract: As a Chinese traditional leadership concept, paternalistic leadership has been found to bring benefits to organizations and its members. However, we still know little about the antecedents of paternalistic leadership. With the development of implicit followership theory, scholars gradually realized that leaders' implicit theories, especially the respective views of followers, have an effect on leadership behavior. Following this logic, this study investigates whether the followership prototypes of leader and follower can jointly influence paternalistic leadership (benevolent leadership and authoritarian leadership). By conducting an empirical research among 245 Chinese leader-follower dyads, the results analyzed by polynomial regression showed: ①the higher congruence between a leader's and follower's positive followership prototypes, the higher the benevolent leadership. Benevolent leadership is higher when a follower is in congruence with a leader at a high level of positive followership prototypes rather than when a follower is in congruence with a leader at a low level of followership positive prototypes. ②The higher congruence between a leader's and follower's negative followership prototypes, the lower the authoritarian leadership. Authoritarian leadership is higher when a follower is in congruence with a leader at a high level of negative followership prototypes rather than when a follower is in congruence with a leader at a low level of negative followership prototypes.

Key Words: Implicit Followership Theories; Followership Prototypes; Benevolent Leadership; Authoritarian Leadership; Polynomial Regression

组织内的领地性：概念缘起、研究现状与未来展望

刘 军 袁艺玮 陈星汶

(中国人民大学商学院，北京 100872)

[摘 要] 领地性是组织行为领域的新兴研究议题，具备广阔的理论前景与实践管理意义。从领地性的概念内涵、领地行为结构与测量、相关实证研究等几方面，本文系统梳理并评述了现有领地性的研究，在此基础上，提出领地性的相关理论模型，并探讨未来领地性研究的发展方向，为后续组织内领地性的理论与实证研究提供参考。

[关键词] 领地性；概念内涵；实证研究；研究评述

引 言

领地性是组织行为领域的一项新兴研究议题，其相关研究最早起源于学者对动物行为的观察与探讨，之后才逐步扩展到人类领地性方面。组织作为人们重要的社会活动场所，领地性引致的各种行为表达十分常见，例如，员工个性化布置办公室以宣示领地占有权、为维护自我领地而不愿共享创意、领地受到侵犯时对侵犯者进行激烈反攻等。尽管诸如以上的行为司空见惯，但是组织内领地性的相关研究仍起步较晚，直到2005年，Brown、Lawrence和Robinson才将领地性概念正式引入组织行为领域，开始在组织情景中讨论领地性的内涵、表现及其影响，由此引发了组织领域学术界及实践界对这个问题的广泛关注，对其理论意义和实践意义的探讨也日渐成为研究的核心话题。

在理论价值方面，领地性研究能够有效补充现有组织行为理论，如剖析领地性的来源可以帮助我们更为清晰地认识"自我"、"人性"、"归因"等基础概念范畴，从而有效地解释复杂而有趣的组织现象；在实践意义方面，领地性存在着"亦正亦邪"的管理启示与意义，如既能强化"领主"对于组织或工作之"领地"的忠诚、责任感与投入，又能阻碍组织内知识分享，引发人际冲突，影响任务绩效（Brown、Lawrence和Robinson，2005；娜仁和刘洪，2014）。因此，将组织行为中其他一些常见概念特别是校标变量（Criterion Variables）与领地性相关联并进行探讨，有助于厘清、深入对这些构念"真面目"的理解，并且为组织管理实践中如何抑制领地性的消极作用、发挥其积极作用提供有益的指导。

但是，目前对于组织内领地性的研究仍处于起步状态，相关理论和实证研究仍比较匮乏，亟待进一步探究与完善。有鉴于此，本文将系统梳理国内外有关领地性的研究，从概念形成、结构

[基金项目] 国家自然科学基金面上项目"组织中的领地性：理论探讨与实证检验"（71372160）。
[作者简介] 刘军，男，生于1974年，中国人民大学商学院教授，研究方向：组织行为与人力资源管理；袁艺玮，女，生于1993年，中国人民大学商学院硕士研究生，研究方向：组织行为与人力资源管理；陈星汶，女，生于1990年，中国人民大学商学院博士研究生，研究方向：组织行为与人力资源管理。

与测量、相关实证研究三方面对现有文献进行评述,并且提出领地性相关的理论模型,探讨领地性研究的未来发展方向,以期引起相关学者与企业家对于领地性问题的关注,推动中国情景下组织内领地性研究的发展。

一、组织内领地性概念的形成与测量

(一)概念内涵

领地性研究最早源于18世纪对动物行为的观察(Edney,1974),特别是针对鸟类和鹿的明显领地行为(娜仁和刘洪,2014;Becker和Mayo,1971)。动物领地性具有重要的生物学意义,能够稳定生物数量、减少争斗、推动物种进化等(Edney,1974)。20世纪70年代左右,领地性研究扩展到人类层面(Edney,1975)。尽管人类领地性与动物领地性存在一定的相似性,但二者区别显著。例如,动物领地性源于先天因素,而人类领地性则存在后天学习的成分;人类可以拥有多个领地和临时领地,而动物基本上是长期维持一个固有领地等(Edney,1974)。众多人类领地性的相关探讨极大地推动了人们对于领地性的理解与认知。2005年,Brown、Lawrence和Robinson将领地性概念引入组织行为领域,开启了组织内领地性的相关研究。

领地性概念的争议,实质是领地性对于行为层面和认知层面包含关系的争议。一类观点侧重于行为视角(Behavioral Perspective),将领地性理解为一系列领地行为。例如,Rosenblatt和Budd(1975)提出领地性是防止他人使用地点和物体而采取的暂时的、持久的预防与反应行为;Edney和Buda(1976)也将领地性界定为个体或群体采取的一系列行为,目的是把某物理环境标示为"他的"并且在一段时间内排他性使用;Salari、Brown和Eaton(2006)则认为领地性是一种自我—他人的边界管理机制,包括个性化标记目标物,以及领地受到侵犯时所进行的防卫行为。在综合前人研究的基础上,Brown等(2005)将组织内领地性界定为"个体根据自己对物理或社会对象心理所有权(Psychological Ownership)的感知而做出的相应行为表达",即将领地性等同于行为表达,而且Brown等把组织内领地性视为社会行为概念,个体领地性不仅表明"这是我的",更凸显出"这是我的而不是你的"。我们可以清晰地看到以上学者关于领地行为的对象多集中于物理地点或物体。但众多观察与实验表明,人们不仅对于客观的地点与物体存在领地性行为,而且对于一些仅存在心理价值的事物也表现出了领地性,例如,Brumbaugh(1970)提出的"认知领地",Thom-Santelli(2009)研究的虚拟空间领地。因而Brown等(2005)将组织内领地性明确拓展到非物质性事物,认为领地行为的对象不仅包括有形的物理空间等,也包括无形事物,如想法、责任,以及群体等社会实体,大大拓展了领地行为的适用范围。

但是另一部分学者较为关注领地性的认知视角(Cognitive Perspective),认为领地意识是决定领地性是否表露的根本。如Avey等(2009)认为心理所有权包括基于提升(Promotion)和基于防止(Preventative)两个方面,并且将领地性归于心理所有权的防止性形式,进而把领地性研究重点界定在认知层面。根据Avey等的研究,国内学者储小平和杨肖锋(2011)也倾向于采取领地意识方面的概念界定,而把领地性理解为"个人对目标物的拥有感,防止他人接近或占有的意识"。此外,Peng(2013)在研究知识隐藏行为时,认为防卫行为与知识隐藏存在部分重叠,因而研究中也强调领地性的认知层面。

相比于以上两类各有侧重的观点,对领地性概念认识的第三类观点是基于整合的视角,认为领地性既包括外显的领地行为,也包括内隐的领地意识。Brown和Robinson(2007)认为领地性包括个体对于物理或社会对象的领地感知(Territorial Feelings)和宣示、保卫心理所有权的领地行为两个方面,并且指出领地感知导致领地行为、领地行为反过来增强领地感知。此外,国内学者彭贺（2012）也从认知与行为两个因素入手，认为领地性区别于领地行为，还应当包括领地认知和领地情感两个因素，因而将领地性定义为"一种保护领地免受侵犯的心理倾向"。

截至目前，最具影响力的仍然是Brown等（2005）对领地性"行为表达"的界定，但是应当注意到，正如国内学者彭贺（2012）所言，"将领地性局限于'行为表达'的处理方法将领地性内涵狭窄化了"。特别是Brown等的概念框架较多借鉴了生物学的领地性研究成果，虽然值得称道，但有被其所限的嫌疑，尤其是对人的精神心理和社会性属性凸显不足。基于Brown等提供的概念框架，本文认为以下与领地性相关的特征（或理论要点）应被强化重视。

首先，个体的领地性不可避免地与其关于"自我"的概念（Self Concept）密切联系，某种程度上，领地意识是自我概念的衍生与映照，领地行为是自我概念的特殊行为表达，领地的主动侵犯是自我概念异动膨胀的结果。根据占有心理学的观点（Furby，1978），人们把占有物视为自我概念的一部分，认为"我的"就是"我"的映照（Sartre，1957）。同时，自我概念也强调了"我是我，而不是别人"，要求个体与他人区分开来，形成独特的自己。因此，在组织中员工往往通过占有并差异化标记目标物以塑造自我概念，而这种对对象的占有及标记等就是领地产生的重要条件。Brown等在对领地性进行概念阐释之初，对其蕴含的生物特征（Brown，1987；Sundstrom和Altman，1974）倚重较多，而对于人类特殊的自我概念与领地性之天然联系的认识不太充分。

其次，令人产生领地性的目标对象既可能是有形的（如办公桌），又可能是无形的（如想法、人际关系）；对目标对象的占有可以是持续的，也可以是暂时的（如餐厅的桌子）；目标对象要有价值，当价值大于排他成本时，与该对象相关的领地行为就会产生（Dyson-Hudson和Smith，1978）。除了这些特征之外，本文希望做更进一步的界定：①这个对象必须有价值，而且该价值判断不是由社会大众认可的普遍价值决定，而是由个人根据自我需求和自我感知决定，所以，目标对象的"情感价值"有可能成为重要考量；②对象的价值不仅指对象对自己目前而言的显性价值，还可能包括对象对自己未来的隐性潜在价值；③价值判断不仅包括目标对象对自己的价值，还包括对竞争者的价值，如果对自己没有价值但意识到对竞争对手有价值，该对象也可能被划归为自己的领地范围之内。也就是说，没有绝对正面价值但存在相对价值的对象，也会对其产生领地性。

（二）测量量表

Brown等（2005）基于对领地性概念的界定，将领地行为划分为两大类：领地标记和防卫行为。其中，标记行为是个体针对特定的组织对象而表现出的构建、宣示行为。按照标记行为的动机不同，可进一步分为身份导向（Identity-Oriented）的标记行为和控制导向（Control-Oriented）的标记行为。身份导向的标记行为是指组织成员通过个性化装饰或改造来标记领地，以构建与表达自我身份；控制导向的标记行为则是个体划定领地边界向他人宣示领地的所有权，以阻止他人接近、使用与侵犯领地。尽管标记行为能够划定领地边界，但是由于个体对于领地边界的感知差异或领地侵犯的成本远低于预期收益，领地侵犯（Infringement）行为难以避免，因而个体会采取相应的防卫行为。预期性防卫行为是在侵犯发生之前，个体采取的非交际性行为以阻止他人侵犯领地；而反应性防卫行为是在侵犯发生以后，个体采取行为保护并且重构领地，同时强有力的反应性防卫有助于减少未来侵犯行为的发生。

基于上述领地行为的结构划分，Brown（2009）开发了针对工作场所物理空间的组织内员工领地性量表。该量表共有23个题项，其中控制导向的标记行为有五个题项，其余三个维度即身份导向的标记行为、预期性防卫行为、反应性防卫行为各有六个题项。量表各维度均具有较高的信度，依次为0.85、0.90、0.88和0.86。效度检验表明各维度有较好的区分效度。此外，Brown将领地性各维度与心理所有权、权力需要等构念进行比较分析，且研究发现心理所有权并非领地性的唯一前因变量，进一步加深了学界对于组织领地性的认知。该领地行为量表的提出是目前组织内领地性研究的开拓性进展,推动了领地行为相关实证研究的开展,但也应当注意到其存在的局限性,如仅针对工作场所等,而实际上组织中的非物理领地具有更为重要的管理意义。因此,刘军等(2016)在探讨团队领地行为时,针对非物理领地进行了初步的量表开发,得到了八题项量表,且研究表明该量表有较高的信度(Cronbach's α 为 0.84)。未来领地性研究亟须开发合适的量表,并且注重领地意识层面,以及探究群体与组织等层面领地性的测量。

二、组织内领地性的相关实证研究

目前对于组织内领地性的研究仍处于起步阶段,且实证研究多锁定在领地性的行为层面,即研究什么因素会导致领地行为的发生,以及领地行为是否会对个体、团队甚至组织的发展产生影响。因此,为了更为清晰地了解目前领地行为相关研究的发展,本文将对组织内领地性的前因变量以及结果变量进行整理和归纳。

(一)组织内领地性的前因变量

目前针对领地性前因变量的探讨极其匮乏,仅有个别研究探讨了心理所有权和领地侵犯对领地行为的影响,未来研究可以进一步深化与拓展对其前因变量的探究。

1. 心理所有权

Brown 等(2005)提出组织内领地性时,明确将心理所有权作为其前因变量。之后 Brown(2009)在领地性量表开发的研究中,简单地验证了领地行为各维度与心理所有权的相关关系,发现不同类型的领地行为与心理所有权的相关程度不同,其中身份导向的标记行为与心理所有权具有最强的相关性(0.43)。同时他指出心理所有权不是导致领地行为的充分条件,领地行为可能还受到很多其他因素的影响。直到 2014 年,Brown、Crossley 和 Robinson(2014)首次实证验证了心理所有权与领地行为的重要关系,并且发现了工作场所信任程度在二者之间的调节作用。但是 Brown 等(2014)的研究并没有直接验证变量间的因果关系,即仅能够证明心理所有权与领地性之间存在相关关系。之后 Gardener 等(2016)针对管理者领地性的研究也发现,管理者对员工的心理所有权能够预测其员工守卫行为(Employee Guarding),即管理者为避免员工背叛、更换雇主而采取的预期性防卫行为。未来研究可以着眼于验证二者之间的因果关系,并且应当分析比较心理所有权和领地意识的区别与联系,进一步厘清组织内领地性的内涵。

2. 领地侵犯

领地侵犯是直接引起防卫行为的重要外界因素。如 Wollman、Kelly 和 Bordens(1994)研究发现,他人(除领导外)试图插手员工个人工作、个体对于侵犯行为的敏感性,均会影响员工对领地侵犯程度的感知,进而导致员工表现出针对侵犯行为的消极反应。Brown 和 Robinson(2011)采用定量与定性相结合的方法验证了领地侵犯与反应性防卫的关系,研究表明目标威胁、归责他人与不公平感导致的领地侵犯会引发个体愤怒感,进而产生反应性防卫行为。同时他们发现反应性防卫行为不仅包括直接行为,还有间接表现,如向他人抱怨等。

(二)领地行为对结果变量的影响

通过对领地行为结果变量的梳理,我们认为已有学者主要探究了领地行为对工作满意度、组织冲突、组织成员关系以及团队绩效的影响,并且影响的机理比较复杂,甚至不同的研究会存在一些不一致的结果,而这也恰恰说明领地性结果变量的研究仍然有很多发展空间。

1. 工作满意度

针对工作场所个性化的研究表明,领地行为能够正向影响员工的工作满意度,进而影响幸福感与工作绩效。如 Wells（2000）研究发现，组织个性化政策会影响工作场所个性化程度，进而作用于员工工作场所满意度和工作满意度，最后影响员工幸福感和组织幸福感，从而验证了身份导向标记行为对于员工个体和组织层面情感变量的积极影响。此外，Laurence、Fried 和 Slowik（2013）的研究也表明个性化可以起到镇定作用（Calming Influence），能够削弱员工感知到的工作场所隐私程度对于情感耗竭的负向作用，即较高的个性化水平可以缓解低隐私度带来的不良情绪体验。Donald（1994）推测个体采取个性化的动机可能根植于内在心理因素，因而阻止员工个性化标记可能引发员工—组织冲突而导致较低的工作满意度。Elsbach（2003）进一步从反面探讨了抑制个性化的消极影响，发现非领地性工作环境（Non-Territorial Office Space）会威胁个体自我归类的需要。可以看到，当前研究多集中于个性化带来的积极效应，但是个性化对积极情绪体验、个体身份认同的影响是否是线性的，以及较大程度的个性化是否会产生不利的影响等，都值得进一步研究探讨。

此外，控制导向的领地行为也会对工作满意度发挥作用。如 Lee 和 Brand（2005）发现员工对工作环境的控制感能够积极影响其工作环境满意度和工作满意度。但是他们的研究也发现，感知到的工作场所注意力分散程度与工作环境满意度负相关，由此，个体投入大量资源进行领地控制，是否会分散其对本职工作的精力，进而影响工作表现呢？领地性可能存在的这种潜在负面影响有待未来进行深入研究。

2. 组织冲突

领地性与冲突的关系在社会心理学领域早已有探究，如 Rosenblatt 和 Budd（1975）研究认为，采取领地性意味着对于双方婚姻关系的长期承诺，而明确的领地划分可以减少夫妇之间关于侵犯的琐碎争吵与冲突。基于以往研究，Brown 等（2005）指出，组织成员对于领地的社会认同有助于削减"过程冲突"（Process Conflict），其中过程冲突指的是组织成员关于责任、关系和资源分配的冲突。也就是说，明确标记与保卫领地能够降低员工之间过程冲突的程度。Brown 和 Robinson（2007）也认为组织内领地性有益于冲突管理。

关于冲突的实证研究，国内学者娜仁和刘洪（2014）基于中国企业员工数据，研究发现只有预先防卫行为与任务冲突正相关，而四类领地行为均能影响关系冲突，但作用方向不同，其中身份导向标记行为和预先防卫行为存在负向效应，而控制导向标记行为和反应性防卫行为则能正向影响关系冲突。领地性概念对于组织中的冲突现象可能具有独特的解释力，能够弥补现有冲突理论的不足，未来可以进一步探究领地性对于组织冲突的影响机制及相关调节因素。

3. 组织成员关系

领地性对于组织内部成员之间的关系可能存在潜在负面作用，例如，观察到领地行为的个体会对领地行为实施者产生不良评价（Brown 和 Robinson，2007）。Brown 等（2014）通过实证研究发现，高信任的组织环境下，员工领地行为会降低他人对其团队贡献程度的评价，反映了领地行为对员工关系的负面影响。

此外，领地性会阻碍新进入者的社会化（Socialization）。Salari、Brown 和 Eaton（2006）针对老年中心的研究发现，现有成员表现出的领地性和形成的友情小派系（Friendship Cliques）会阻碍新进入者融入其中。Reichers（1987）研究发现，新进入者和组织内部员工主动行为的交互作用能够提高社会化速度，我们推测，领地性可能阻碍了组织成员间的相互交流，进而不利于新进入者顺利完成其在组织内的社会化。

领地性也不利于组织成员之间的社会交换与资源共享。基于我国一家民营企业的员工数据，储小平和杨肖锋（2011）发现员工心理领地性会负向影响其与团队成员之间社会交换的质量。Peng（2013）针对组织内知识隐藏现象的研究表明，组织成员基于知识的心理所有权会通过领地性的中介作用正向影响知识隐藏，即证实了领地性对于组织内知识传递与分享的潜在负面作用。

领地性作为一把"双刃剑",正确理解其对组织成员关系的影响效果尤为必要,未来研究应当进一步探讨领地性的作用机制,帮助管理者合理控制组织内领地性水平,以更好地服务于组织发展。

4. 团队绩效

有学者探讨了领地性与团队绩效的关系,如刘军等(2016)基于其开发的团队领地性量表,收集了136个团队的有效数据,研究发现团队成员对内领地行为和对外领地行为都对团队绩效有显著的负向影响,而且存在交互作用,即内外领地性都较强时团队绩效最差。此外,任务相依性越高,对内领地行为对团队绩效的负向影响越强。但是鉴于领地性存在"亦正亦邪"的作用效果,其对团队绩效的影响很可能也不是单方向的,未来研究可以深入探讨其可能的"拐点"。

三、组织内领地性实证研究的若干展望

基于上述对领地性研究的梳理,本文认为未来领地性实证研究可以在以下三个方面进行扩展:一是拓展对其前因变量的探讨,如考虑权力需要等个体特征因素的潜在作用,以及探究心理所有权与领地行为的边界条件等;二是引入新视角丰富员工的领地性研究,如基于资源视角等探讨领地性的作用前提或影响效果;三是鉴于领地性"亦正亦邪"的特征,未来领地性研究可进一步丰富对其结果变量的探究。本文据此提出了以下三个组织内领地性研究的可能模型(见图1~图3),仅供学者参考。

(一)前因探讨:心理所有权与领地行为的边界条件

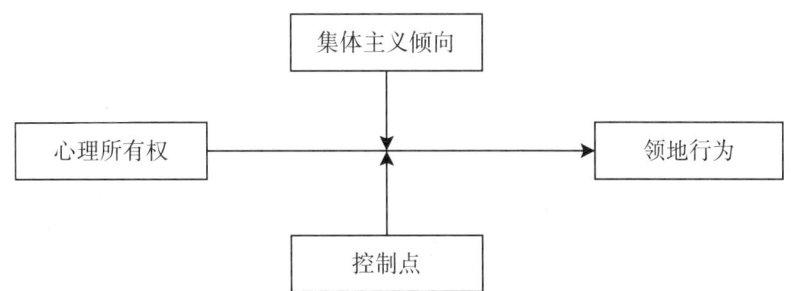

图1 心理所有权与领地行为:集体主义倾向和控制点的调节作用研究模型

心理所有权是个体感知到的对目标物的占有感与心理联系,强调目标物或目标物的一部分是"他们的",主要源于个体对效能感、自我身份认同和拥有自我空间的需要(Pierce、Kostova 和 Dirks,2001)。Brown 等(2005)在引入组织内领地性概念时,明确地将领地行为视为心理所有权的"行为表达",强调心理所有权是领地行为的前因变量。后续的少量实证研究也初步支持了二者之间的关系(Brown、Lawrence 和 Robinson,2014;Gardener 等,2016)。但是目前对于二者关系的边界条件的探讨却略显不足,只有 Brown 等(2014)探究了工作场所信任程度在二者之间的调节作用。本文认为,除信任外,集体主义倾向和控制点也有可能调节心理所有权与领地行为之间的关系,具体阐述如下:

集体主义倾向反映了个体对他人和集体的关心程度(吴隆增、刘军和许浚,2010)。高集体主义倾向的员工更重视集体利益,并将集体利益放在个人利益之上,因而即使员工对自己的创意、知识等对象拥有强烈的心理所有权,也可能不会采取相应的领地行为来控制和阻止其他成员接近或利用目标物,以避免对集体整体利益产生不利影响。同时,高集体主义倾向的员工注重人际联系(Felfe、Yan 和 Six,2008),而较多的领地行为会对同事关系产生负面影响(Brown、Lawrence 和 Robinson,2014;储小平和杨肖锋,2011),因此员工更加不愿意冒险采取领地行为,即降低了

心理所有权对领地行为的正向影响。相反，低集体主义倾向的员工以自我利益为先，不依赖团队成员身份建构自我概念，所以更可能为维护自我利益积极投入领地行为，增强心理所有权与领地行为之间的正向关系。有鉴于此，本文提出以下命题：

命题一：心理所有权对领地行为的正向影响受到员工集体主义倾向的调节作用，即对于高集体主义倾向的员工，心理所有权对领地行为的正向作用受到抑制；反之，则增强。

个体的控制点是个体相信自己在多大程度上可以控制生活中所发生的事，反映个体对行为及结果进行归因的倾向性（杨慧芳和赵曙明，2005）。内控型个体认为自己的成功取决于自身行动，而外控型个体常常把行为结果归因于自己无法控制的外部力量。虽然 Brown（2009）认为，外控型员工可能参与更多的预期性防卫行为以阻止他人侵犯，但是由于外控型员工往往不相信自己可以控制自己行为的结果，我们推测，他们认为即便进行领地标记与防卫，也不能实现领地的独占，所以可能并不愿意投入过多精力构建领地。相反，内控型员工则相信通过个体努力，自我领地能够得到有效宣示与保护，而可能积极表现出更多的领地行为。基于以上分析，本文认为，员工的控制点能够调节心理所有权与领地行为之间的正向关系，并提出以下命题：

命题二：心理所有权对领地行为的正向影响受到员工控制点的调节作用，即对于外控型员工，心理所有权对领地行为的正向作用受到抑制；反之，则增强。

（二）新视角引入：基于资源视角探讨领地行为的影响

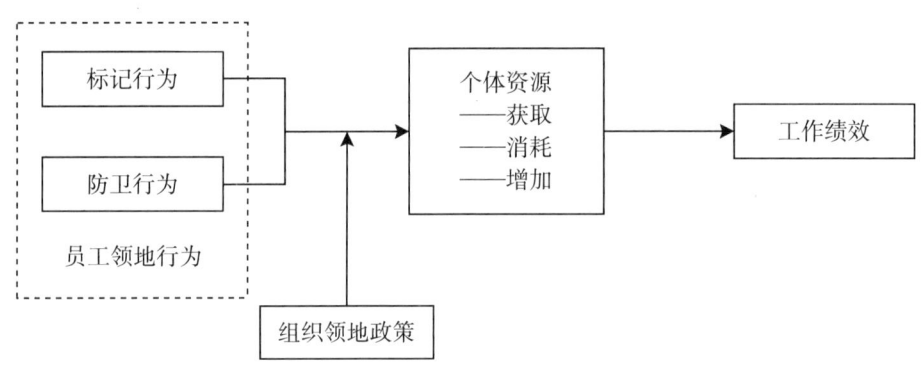

图 2 领地行为与工作绩效：基于资源视角的研究模型

1. 个体资源的中介作用

个体的领地行为会影响个体资源。一方面，个体通过领地标记和防卫行为能够有效划分与占有领地，获取领地固有的物质利益资源，而且个体通过控制领地，满足了实现个体效能、表达个人身份、拥有自我空间的内在需求，因而增加了个体的心理和社会资源，提高了个体资源总量；另一方面，领地的建构、宣示和维护不可避免地需要个体投入时间与精力等资源，导致个体资源的消耗。即员工的领地行为可能影响个体资源的获取、增加与消耗过程，进而影响个体资源总量。当资源的获取与增加远大于消耗时，领地行为导致个体资源总和正向变动；反之，个体资源总和负向变动。我们推测，当个体表现出较少的领地行为时，领地的建构和维护等消耗的个体资源远少于占有领地带来的资源增加，故领地行为会正向影响个体资源；当个体过度参与领地行为时，为维护领地投入了大量的时间、精力与社会关系等资源，远远超出了领地所能够带来的资源回报，则这种情况下领地行为的增加负向作用于个体资源。据此，本文提出以下命题：

命题三：领地行为与个体资源呈倒 U 形关系，即在较低水平时，领地行为的增加正向影响个体资源，而达到一定临界值之后，领地行为的增加负向影响个体资源。

根据资源保存理论（Hobfoll，2001），拥有更多资源的个体更有能力获得资源。因而低领地行为所带来的个人资源总量增加,使得员工在面对工作要求和工作压力时,更倾向于采取积极态度,而且能够更有效地获取、调动和利用工作资源来完成工作任务,实现高工作绩效。据此,本文提出以下命题:

命题四:个体资源在领地行为与工作绩效之间起到部分中介作用。

2. 组织政治氛围的调节作用

由于组织内资源的有限性,组织成员可能试图通过实施政治行为,以使自己获得更多的组织资源与权力(刘小禹和刘军,2014)。而组织政治能够被员工感知到,并形成组织政治知觉(Drory,1993)。这种认知一旦被组织成员共享,则可以汇聚到组织层面上,构成组织政治氛围(刘军、宋继文和吴隆增,2008)。不同组织政治氛围下,领地行为对个体资源的作用强度可能存在差异。在较高的组织政治氛围下,一方面,组织成员为构建与维护领地,可能要采用更多非正式的"政治手段",以避免领地固有的资源与权力被他人占有,因此在这个过程中,员工可能要投入更多的精力等资源,即个体资源的消耗增加;另一方面,占有领地资源的收益基本保持不变,因此相较于低政治氛围,高政治氛围中领地行为带来的个体资源的变动量降低,即当领地行为处于较低水平时,领地行为增加导致的个体资源增速放缓、增量降低,而高水平的领地行为增加导致个体资源迅速降低。基于上述分析,本文提出以下命题:

命题五:领地行为与个体资源的关系受到组织政治氛围的调节作用,即较高的组织政治氛围下,领地行为与个体资源的倒 U 形关系相对平缓;反之,则相对陡峭。

(三)结果变量:领地性对知识分享与创新绩效的影响

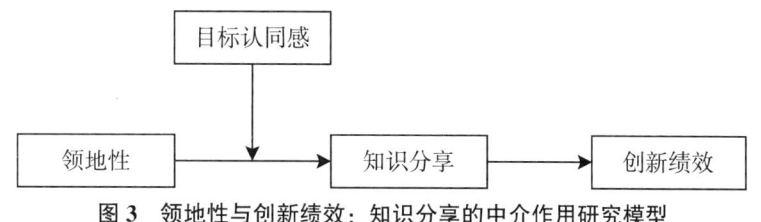

图 3 领地性与创新绩效:知识分享的中介作用研究模型

1. 知识分享的中介作用

个体拥有的知识可以分为显性知识与隐性知识(Nahapiet 和 Ghoshal,1998)。我们认为团队成员的领地行为会阻碍团队内部的知识分享主要是基于以下两个方面:一方面,个体倾向于将自己创造或掌握的想法、知识、信息作为自我身份的延伸,而看作是"我"的一部分(Peng,2013),因而个体易将这些知识资本等视为自己的领地。更为重要的是,由于隐性知识具备价值性、稀缺性、不可替代性等特征(Barney,1991),所以个体所掌握的隐性知识是构成其竞争优势的关键,可能会显著影响个体在劳动力市场上的竞争力,因而个体会采取强烈的领地行为来阻止其公开或共享,即公开地标记领地以向他人宣示领地所有权,同时,面对领地可能受到的潜在或实际威胁,个体会表现出预期性防卫行为,甚至是激烈抵御侵犯、重构领地的反应性防卫行为,以牢牢掌控自己的隐性知识领地。另一方面,观察到组织中领地性的其他团队成员,可能基于领地侵犯成本等因素更不愿意冒险进入他人已占有的领地(Brown、Lawrence 和 Robinson,2005),而且观察者会倾向于将表现出领地行为的个体视为"不合作者",进而削减自己与之合作、共享知识的意愿,更不利于团队成员之间的知识分享。基于上述分析,本文提出以下命题:

命题六:领地性负向影响知识分享。

通过员工之间的知识分享,组织成员能够获得更多知识,进而可以通过知识整合以促进创新(简兆权、吴隆增和黄静,2008)。而且,员工之间的知识交换和交流是创新的关键源泉(Nahapiet

和Ghoshal，1998）。鉴于领地性可能阻碍团队成员的知识分享，而较低程度的知识分享不利于个体创新，因此知识分享可能在员工领地性与创新绩效之间起到中介作用。据此，本文提出以下命题：

命题七：领地性与创新绩效的关系受到知识分享的中介作用。

2. 目标认同感的调节作用

目标认同感是指团队成员对于团队目标的认可程度。本文推测，当员工认同组织目标时，会将组织目标赋予较高的主观价值，并认为该组织目标的达成有助于个体目标的更好实现，因而为了达成组织整体目标，员工虽然抱有知识领地意识，但是可能会削减明显的领地行为，而在一定程度上参与知识分享，以促进组织目标的实现。相反，较低的组织目标认同感不仅无法降低领地性对知识分享的负面作用，而且可能由于员工对组织目标的消极评价，导致其对组织前景的预期黯淡，故而基于长期利益权衡，员工不愿意投入更多资源参与组织活动，反而更专注于个体利益的攫取与保护，进而展现出数量更多、程度更强的领地行为，以有效保护知识领地不受侵犯。基于上述分析，本文提出以下命题：

命题八：领地性与知识分享的关系受到目标认同感的调节作用，即组织成员对于组织目标认同感越高，员工领地性与知识分享之间的负向关系越弱；反之，则越强。

四、总　结

虽然人类领地性的研究始于20世纪70年代，但直到2005年，领地性才被Brown等学者正式引入组织行为领域。领地性作为组织研究领域一个比较新的概念，其内涵结构、前因和结果变量的研究均处于起步阶段，亟须国内外学者进一步探究，以构建领地性的相关理论框架，更好地解释、预测员工或群体行为，服务于个体与组织的良性发展。本文认为，后续研究可以从概念深化、层次丰富以及前因与结果变量的探讨等方面入手，丰富组织内领地性研究（见图4）。

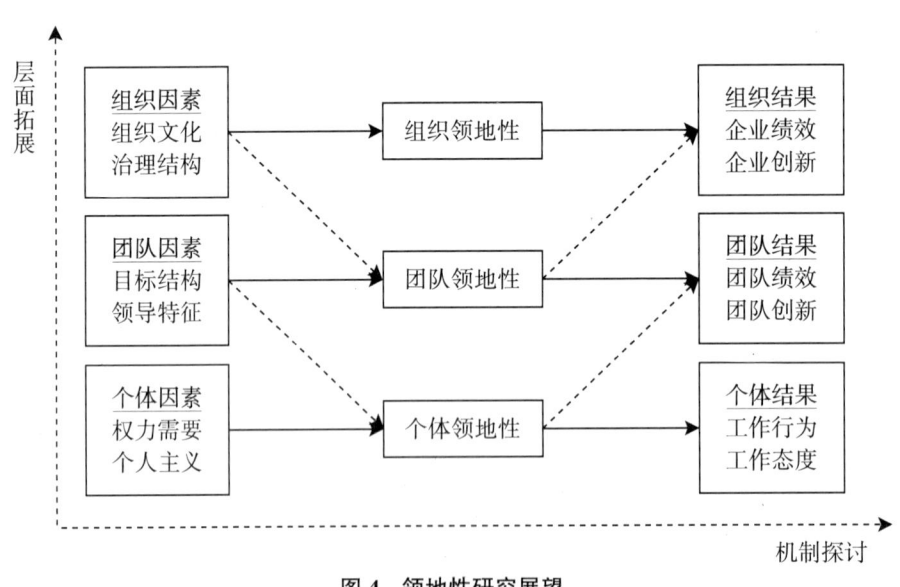

图 4　领地性研究展望

一是领地性概念探究与完善。一致明确的概念界定是研究组织领地性首当其冲的问题，领地意识是否属于领地性概念的范畴，以及领地行为的四个维度划分是否合理等都值得理论与实证研究的进一步检验和探索。

二是领地性的前因探讨。现有的关于领地性的前因探究都聚焦于心理所有权。但是目前对于心理所有权导致领地行为的因果联系仍缺乏有力的实证研究，而且 Brown（2009）的研究显示心理所有权并非领地性的唯一前因变量，未来对于领地性的前因变量仍有很大的研究空间。

三是领地性量表开发。目前仅有 Brown（2009）开发的针对工作场所物理空间的领地行为量表，而对于非物质性领地对象、领地意识并没有合适的量表。此外，在我国特殊的情境下，Brown 开发的量表的适用性也有待验证。领地性量表的开发是推动未来领地性实证研究发展的一个重要工具，也是未来研究的一个关键突破口。

四是领地性研究层面拓展。目前对于领地性的研究多集中在个体层面，但是伴随着目前工作团队成为重要的组织形式，群体层面的领地性研究具有越来越重要的现实意义，亟须未来研究系统探索。

当然本文对组织内领地性的认知可能还存在欠缺，特别是由于组织内领地性概念最早是基于西方背景提出的，我们对该概念的理解也主要是基于西方研究，但是由于中国员工可能更重视组织内部人际关系，其可能会以相对隐晦的方式表达领地性要求，而不是采取直接的领地行为，因此中国情境下该概念的适用性还值得进一步探讨。本文旨在通过现有研究梳理与展望，为后续学者提供可供参考的研究思路，在一定程度上推动组织内领地性的研究发展。

〔参考文献〕

［1］储小平，倪婧. 组织内领地性研究前沿探析［J］. 外国经济与管理，2009（3）：1-8.

［2］储小平，杨肖锋. 员工心理领地性的负面影响：个人与团队层面的分析［J］. 中山大学学报（社会科学版），2011，51（5）：161-168.

［3］简兆权，吴隆增，黄静. 吸收能力、知识整合对组织创新和组织绩效的影响研究［J］. 科研管理，2008，29（1）：80-86.

［4］刘军，宋继文，吴隆增. 政治与关系视角的员工职业发展影响因素探讨［J］. 心理学报，2008，40（2）：201-209.

［5］刘军，陈星汶，肖宁等. 当协作要求遇上"山头主义"：领地行为与任务相依性对团队绩效的影响研究［J］. 华南师范大学学报（社会科学版），2016（5）：99-109，191.

［6］刘小禹，刘军. 基于组织政治视角的辱虐管理影响研究［J］. 经济科学，2014（5）：118-128.

［7］娜仁，刘洪. 我的地盘我做主：组织内领地行为与人际冲突的关系研究［J］. 商业经济与管理，2014（12）：23-31.

［8］彭贺. 领地行为研究综述：组织行为学的新兴领域［J］. 经济管理，2012（1）：182-189.

［9］吴隆增，刘军，许浚. 职场排斥与员工组织公民行为：组织认同与集体主义倾向的作用［J］. 南开管理评论，2010（3）：36-44.

［10］严丹，黄培伦. 辱虐管理对员工建言行为影响：组织自尊和个性控制点的作用［J］. 商业经济与管理，2011（12）：28-37.

［11］杨慧芳，赵曙明. 企业管理者的控制点与信任感研究［J］. 心理科学，2005（1）：252-254.

［12］Avey J. B., Avolio B. J., Crossley C. D.& Luthans F. Psychological ownership: Theoretical extensions, measurement and relation to work outcomes［J］. Journal of Organizational Behavior, 2009, 30（2）: 173-191.

［13］Barney J. B. Firm resource and sustained competitive advantage［J］. Journal of Management, 1991, 17（1）: 99-120.

［14］Becker F. D. & Mayo C. Delineating personal distance and territoriality［J］. Environment & Behavior, 1971, 3（4）: 375-381.

［15］Brown G. & Robinson S. L. Reactions to territorial infringement［J］. Organization Science, 2011, 22（1）: 210-224.

［16］Brown G. & Robinson S. L. The dysfunction of territoriality in organizations［J］. Research Companion to the

Dysfunctional Workplace Management Challenges & Symptoms, 2007: 252.

[17] Brown G., Crossley C. & Robinson S. L. Psychological ownership, territorial behavior, and being perceived as a team contributor: The critical role of trust in the work environment [J]. Personnel Psychology, 2014, 67 (2): 463-485.

[18] Brown G., Lawrence T. B. & Robinson S. L. Territoriality in organizations [J]. Academy of Management Review, 2005, 30 (3): 577-594.

[19] Brumbaugh R. B. Territoriality: Necessary concept in conflict theories of organization? [J]. Beliefs, 1970: 10.

[20] Brown B.B. Territoriality. In D. Stokols & I. Altman (Eds.), Handbook of Environmental Psychology (pp. 505-531). New York: Wiley, 1987.

[21] Brown G. Claiming a corner at work: Measuring employee territoriality in their workspaces [J]. Journal of Environmental Psychology, 2009, 29 (1): 44-52.

[22] Donald I. Management and change in office environments [J]. Journal of Environmental Psychology, 1994, 14 (1): 21-30.

[23] Drory A. Perceived political climate and job attitudes [J]. Organization Studies, 1993, 14 (1): 59-71.

[24] Dyson-Hudson R. & Smith E. A. Human territoriality: An ecological reassessment [J]. American Anthropologist, 1978, 80 (1): 21-41.

[25] Edney J. J. & Buda M. A. Distinguishing territoriality and privacy: Two studies [J]. Human Ecology, 1976, 4 (4): 283-296.

[26] Edney J. J. Human territoriality [J]. Psychological Bulletin, 1974, 81 (12): 959-975.

[27] Edney J. J. Territoriality and control: A field experiment [J]. Journal of Personality and Social Psychology, 1975, 31 (6): 1108.

[28] Elsbach K. D. Relating physical environment to self-categorizations: Identity threat and affirmation in a non-territorial office space [J]. Administrative Science Quarterly, 2003, 48 (4): 622-654.

[29] Felfe J., Yan W. & Six B. The impact of individual collectivism on commitment and its influence on organizational citizenship behaviour and turnover in three countries [J]. International Journal of Cross Cultural Management, 2008, 8 (2): 211-237.

[30] Furby L. Possession in humans: An exploratory study of its meaning and motivation [J]. Social Behavior and Personality: An International Journal, 1978, 6 (1): 49-65.

[31] Gioia D. A., Schultz M. & Corley K. G. Organizational identity, image, and adaptive instability [J]. Academy of Management Review, 2000, 25 (1): 63-81.

[32] Gardner T.M., Munyon T.P., Hom P. W. & Griffeth R. W. When territoriality meets agency: An examination of employee guarding as a territorial strategy [J]. Journal of Management, 2016, in press.

[33] Hobfoll S. E. The influence of culture, community, and the nested-self in the stress process: Advancing conservation of resources theory [J]. Applied Psychology, 2001, 50 (3): 337-421.

[34] Laurence G. A., Fried Y. & Slowik L. H. "My space": A moderated mediation model of the effect of architectural and experienced privacy and workspace personalization on emotional exhaustion at work [J]. Journal of Environmental Psychology, 2013 (36): 144-152.

[35] Lee S. Y. & Brand J. L. Effects of control over office workspace on perceptions of the work environment and work outcomes [J]. Journal of Environmental Psychology, 2005, 25 (3): 323-333.

[36] Nahapiet J. & Ghoshal S. Social capital, intellectual capital, and the organizational advantage [J]. Academy of Management Review, 1998, 23 (2): 242-266.

[37] Peng H. Why and when do people hide knowledge? [J]. Journal of Knowledge Management, 2013, 17 (3): 398-415.

[38] Pierce J. L., Kostova T. & Dirks K. T. Toward a theory of psychological ownership in organizations [J]. Academy of Management Review, 2001, 26 (2): 298-310.

[39] Reichers A. E. An interactionist perspective on newcomer socialization rates [J]. Academy of Management Re-

view, 1987, 12 (2): 278-287.

[40] Rosenblatt P. C. & Budd L. G. Territoriality and privacy in married and unmarried cohabiting couples [J]. The Journal of Social Psychology, 1975, 97 (1): 67-76.

[41] Salari S., Brown B. B. & Eaton J. Conflicts, friendship cliques and territorial displays in senior center environments [J]. Journal of Aging Studies, 2006, 20 (3): 237-252.

[42] Sartre J. P. Transcendence of the ego: An existentialist theory of consciousness [M]. New York: Noonday Press, 1957.

[43] Sundstrom E. & Altman I. Field study of territorial behavior and dominance [J]. Journal of Personality and Social Psychology, 1974, 30 (1): 115-124.

[44] Taylor R. B. & Brooks D. K. Temporary territories? Responses to intrusions in a public setting [J]. Population and Environment, 1980, 3 (2): 135-145.

[45] Thom-Santelli J. Expressing territoriality in collaborative activity [C]. Proceedings of the ACM 2009 International Conference on Supporting Group Work, ACM, 2009: 389-390.

[46] Wells M. M. Office clutter or meaningful personal displays: The role of office personalization in employee and organizational well-being [J]. Journal of Environmental Psychology, 2000, 20 (3): 239-255.

[47] Wollman N., Kelly B. M. & Bordens K. S. Environmental and intrapersonal predictors of reactions to potential territorial intrusions in the workplace [J]. Environment and Behavior, 1994, 26 (2): 179-194.

Organizational Territoriality: Conceptual Origin, Current Research and Future Prospects

LIU Jun YUAN Yiwei CHEN Xingwen

Abstract: Territoriality is an emerging research issue in the field of organizational behavior, with broad theoretical prospects and vital practical value. This paper systematically reviews existing studies in organizational territoriality in the aspect of the concept, measurement of territorial behavior and related empirical research. Based on this review, some relevant theoretical models are proposed, and potential future research directions are discussed, which aims to provide references for the theoretical and empirical research of organizational territoriality.

Key Words: Territoriality; Concept; Empirical Research; Research Review

# 工作动机对创造性原型启发的影响：
一个有调节的中介模型

王梓阳　蒙雪平　陆春华　张　华　杨　东

(西南大学心理学部，重庆　400715)

[摘　要] 在激烈的市场竞争中，创新能力是企业的核心竞争力。员工作为企业创新的主体，其创造性尤为重要。该研究以某大型企业员工为被试，探讨员工工作动机与创造性原型启发之间的关系，并考察工作倦怠的中介作用和心理弹性的调节作用。研究发现，员工工作动机显著正向预测创造性原型启发，工作倦怠在员工工作动机和创造性原型启发之间起部分中介作用，心理弹性调节员工工作动机对创造性原型启发的影响。

[关键词] 工作动机；原型启发；创造性问题解决；工作倦怠；心理弹性

引　言

习近平总书记指出，创新是引领发展的第一动力，抓创新就是抓发展，谋创新就是谋未来。建设创新型国家，强化科技创新战略，要通过提高企业创新能力来实现。创新是企业生存和发展的灵魂，在企业经营管理的过程中，主要表现为三大创新，即技术创新、体制创新、思想创新，而企业员工作为企业建设和发展的主要力量，激发他们的创造性是企业创新的关键。张庆林和曹贵康(2004)指出，创造性思维过程是使个体创造性得以发挥并形成创新成果的关键，因此创造性的核心是创造性思维。

一、文献回顾及假设

(一) 创造性与创造性原型启发

创造性指个体产生新颖的、奇特的、具有实用价值的观点或产品的能力 (Sternberg, 1999)。创造性思维是创造性的具体体现，其表现形式主要有顿悟、类比迁移、假设检验、创造想象等(张庆林等，2004)。而创造性问题解决又是创造性思维的重要表现形式，其中，顿悟问题解决是创造性问题解决的重要形式 (魏青青，2012)。

早期对于顿悟问题解决认知机制的研究主要有两种：一种是 Simon 和 Kaplan (1990) 提出的表征转换理论，认为顿悟是通过转变问题的表征来达到的，包括消除限制和分解组块两个内容；

[作者简介] 王梓阳，生于 1993 年，女，西南大学心理学部硕士在读。蒙雪平，生于 1993 年，女，西南大学心理学部硕士在读。陆春华，生于 1990 年，女，西南大学心理学部硕士。张华，生于 1978 年，女，博士，西南大学心理学部副教授。杨东，生于 1973 年，男，博士，西南大学心理学部教授、博导。

另一种是 Ormerod 和 Chonicle（2002）提出的进程控制理论，基于"爬山法"，认为使用当前方法时若当前状态与目标状态之间差异大而可操作的步数又不多的时候，则改变方法以达到问题解决。它们的共同点是都认为当前的方法无法解决问题，需要用新奇的方式打破原有知识经验对问题解决的限制，从而通过新的方法来解决问题。由于以上两种理论一直处于争论中且没有形成较为完整的理论模型，张庆林等（2004）提出了顿悟问题解决中原型激活及其关键启发信息质量的理论假说。该理论假说认为创造性思维的核心成分是"原型激活"，当人们遇到疑难问题时，会自动从已有的知识经验中寻找和提取与当前问题相匹配的"源问题"，以此来帮助解决当前问题。"源问题"即原型，包含许多信息，其中只有部分关键的启发信息才对解决当前问题有效，因此能否激活原型和提取关键启发信息是能否解决当前问题的关键。个体激活原型的能力和获取关键启发信息的能力是个体顿悟能力的关键指标，创造性的高低体现在原型激活能力的高低上。随着对创造性的进一步研究，研究团队已证实创新思维的主要产生途径是原型激活（邱江和张庆林，2011）。由此提出创造性问题解决的原型启发理论，它包括两个阶段：首先，在已有知识经验中寻找可以解决当前问题的原型（自动加工），包括认知中早有的认知事件和突然出现的新近事件；其次，激活原型中的关键性启发信息（控制加工），其中激活指与当前的问题产生联系并指引对当前问题的启发式搜索，由此便产生顿悟解决问题。

创造性问题解决的原型启发理论以更接近真实生活中人们的思维特点的角度解释了顿悟问题解决的认知机制，为之后关于创造性的研究提供了理论基础。为开发出具有更高生态效度和便于实验研究的创造性测量工具，张庆林等（2004）根据原型启发促发顿悟的过程机制，利用现实生活中结构不良的科学发明材料，开发了多个实验材料库，如《字谜库》和《科学发明创造实验问题材料库》并规范了测量范式。邱江（2007）运用 ERP 技术，以《字谜库》为材料探索了顿悟问题解决中原型激活的认知神经机制，并得到了有意义的结果。吴真真（2010）运用行为实验、ERP、fMRI 三种方式验证了顿悟问题的原型启发机制。相关的系列研究除验证了上述理论外，还取得了丰富的成果（沈承春，2011；龚正霞，2011；田燕等，2011；朱丹等，2011；朱海雪等，2012；罗俊龙等，2012），相关变量的研究涉及诱发的情绪状态、睡眠剥夺、原型表征、原型位置等。

对企业员工而言，经营管理中的创造性问题解决不同于日常生活和科学发明创造中的问题解决过程，为更加有针对性地面向企业员工测试其创造性问题解决水平，魏青青等（2012，2015）在张庆林团队的基础上，通过"一对一"的"学习—测试"实验范式，编制了《经营管理情境中创造性问题解决的原型启发实验材料库》，并对其信效度进行了检验。在后续的系列研究中也取得了一系列研究的验证（刘金波，2013；崔晶晶，2013；陈雪，2015），如在研究中发现，情绪与时间压力对经营管理情境中的创造性问题解决原型启发效应有显著影响，积极情绪起促进作用而消极情绪起抑制作用，时间压力起消极作用，且情绪和时间压力存在交互作用。

本研究的对象为企业员工，因此选用《经营管理情境中创造性问题解决的原型启发实验材料库》作为研究材料，以保证研究的生态效度。

（二）工作动机

动机作为个体行为模式的一个重要组成部分，一直是工业和组织心理学关注与研究的对象。在过去的 30 年里，研究者一直致力于找出促使个体进行持续创新的影响因素。为此，Amabile（1983）构建了创造性成分模型，该模型探究了三种因素对员工创造的影响，这三种因素分别是领域相关知识或技能、创造性相关流程、工作动机。可见，动机作为一种激发、引导和维持个体活动的心理过程，在影响个体创造性活动中扮演着重要的角色。

现有的理论模型和实证研究都较一致地认为，内部动机有助于个体的创新绩效。个体可能具有某些热爱创造性活动的特质或倾向，但是否能够真正地实现创新主要取决于他们的内部动机，具有内部动机取向的被试通常表现出更高的创造性（Amabile，1983）。人们在从事他们感兴趣的活动时，表现出的创造性远高于其他活动。内部动机还可以提高个体对创新风险的承担意愿，进而诱发个体更高的创造性（Dewett，2007）。通过考察内部动机对大学生创造性的影响，发现具有高认知需求的个体，创造力也更高（薛贵，2001）。

然而，有些研究者却发现在某些条件下，外部动机也会促进个体的创造性。例如，在一些行为塑造实验中，对如何提高创造性进行指导，并且对被试取得的进步进行奖励，将会使被试的创造力水平得到提高（Collins 和 Amabile，1999）。有研究发现，如果员工具有较高的创造性自我效能感，并且将奖励看得比较重要时，外部奖励有助于激发员工的创造性。以儿童为被试考察奖励对创造性的影响时，发现在被试有创造性的表现之后进行奖励，并在它们之间建立内在的关系，奖励将会促进创造性（Eisenberger 和 Selbst，1994）。但在一项通过评价诱发外部动机的研究中发现，为了避免负性评价而产生的外部动机会显著地抑制被试创造性科学问题的提出能力（胡卫平，2010）。因此，探索员工内外部工作动机对经营管理情境中创造性原型启发的作用成为本研究的主要内容之一。

（三）工作倦怠在工作动机影响创造性原型启发中的中介作用

"工作倦怠"的概念最先由精神分析学家 Freudenberger 在 1974 年提出，Maslach 于 1986 年提出的三维度模型最具代表性，他认为工作倦怠是指个体由于面对持续性的工作压力而产生的一种综合性反应，它既是一种状态也是一种过程，主要包含情感耗竭（Emotional Exhaustion）、人格解体（Depersonalization）、自我成就感降低（Reduced Personal Accomplishment）三个维度（Maslach、Schaufeli 和 Leiter，2001）。

当前的不少研究表明，动机对员工的积极情绪体验、创新行为、工作积极性、工作满意度、心理健康等均有着重要的影响（Amabile，1994）。内部动机有利于提高个体的学习与工作效率，促进创造性，同时个体的效能感、成就感和满意度也会提高，使个体处于积极的情绪体验之中，并进一步增强身心健康，提高生活质量（Burton，2006）。工作动机调节了情绪衰竭与工作绩效之间的关系（Halbesleben，2007）。国内学者对中学教师的研究发现，当他们的职业动机是基于个人的兴趣、爱好或者追求成就时，其职业倦怠得分较低，并且动机与工作倦怠之间呈显著负相关（赵飞等，2011）。个体的工作动机对工作倦怠有显著的负向影响，并且内部动机能够显著预测其工作倦怠（王冰等，2012）。

此外，不少研究都证明了工作倦怠对个体工作积极性、工作绩效、工作满意度、创造性、身心健康等有重要影响。通过考察不同工作倦怠水平对时间管理能力和创造力的影响，发现不同工作倦怠水平与创造性存在直接效应，同时，创造性在工作倦怠三个维度上的总效应显著（Mahmoodi，2015）。国内关于工作倦怠与创造性的直接研究较少，但不少研究者从侧面对它们的关系进行了探讨。通过对知识型员工工作满意度与创造性的关系进行研究，发现工作倦怠与创造性呈显著负相关（李霞，2008）。因此，本研究将探索工作倦怠是否在工作动机对创造性原型启发的影响中起中介作用。

（四）心理弹性在工作动机影响创造性原型启发中的调节作用

心理弹性又称心理韧性（Resilience），主要是指个体在面对丧失、困难或者逆境时能有效应对和适应的能力（于肖楠等，2005）。作为一种使个体从逆境中恢复的能力，心理弹性对工作倦怠的影响可见一斑。对心理弹性作用机制的研究认为，心理弹性的作用机制是个体面临有害的刺激时，能充分利用内在积极的品质以及外部有利的资源，从而降低不良反应，更好地战胜困难（Rutter，1987）。有研究证明，个体的心理弹性与工作倦怠水平呈负相关，心理弹性较高的个体能够较快地从消极情绪的束缚中解脱,并能感受到持久的积极情绪(Chan,2003)。高心理弹性的个体能够较好地应对持续变化的工作环境所带来的压力,并且更善于接受新事物,懂得随机应变,情绪稳定性也较强(Tugade和Fredrickson,2004)。在国内的研究中,发现心理弹性与工作倦怠之间呈显著负相关,同时,心理弹性在工作倦怠与离职倾向的关系中起调节作用(王薇,2015)。可见,心理弹性可能是影响个体能否良好应对压力环境的关键因素。

心理弹性作为一种重要的个人特质,对创造性有重要的影响。目前,直接对心理弹性与创造性的关系进行研究的文献还较少,但在积极心理学的浪潮下,研究者们开始研究心理资本与创造性的关系。任皓、温忠麟等(2013)认为,心理资本是指个体在成长和发展过程中表现出来的一种积极心理状态,它包括自我效能、乐观、希望和韧性四种核心元素。其中,韧性是指当个体在逆境中或被问题困扰时,能够快速恢复并解决困难获得成功。积极心理学中关于韧性的定义与心理弹性有很大的相似性。通过考察心理资本与创新绩效和工作压力之间的关系,发现心理资本与创新绩效之间呈正相关,与工作压力之间呈负相关(Abbas,2015)。研究者们对心理资本与创造性的关系进行的探讨,在一定程度上为我们理解心理弹性与创造性的关系提供了借鉴。基于此,本研究将探讨心理弹性是否在工作动机对创造性原型启发的影响中起到调节作用。

综上所述,原型启发能力的高低决定了创造性问题解决能力的高低,本研究以《经营管理情境中创造性问题解决的原型启发实验材料库》为工具,将工作倦怠作为工作动机与创造性原型启发之间的中介变量,将心理弹性作为调节变量,探讨工作倦怠、心理弹性在工作动机与创造性原型启发关系中的作用,并构建一个有调节的中介模型(见图1)。具体而言,本研究将考察内外部工作动机影响创造性原型启发的机制,探讨工作倦怠在这一过程中的中介作用和心理弹性对这一中介链的调节作用。

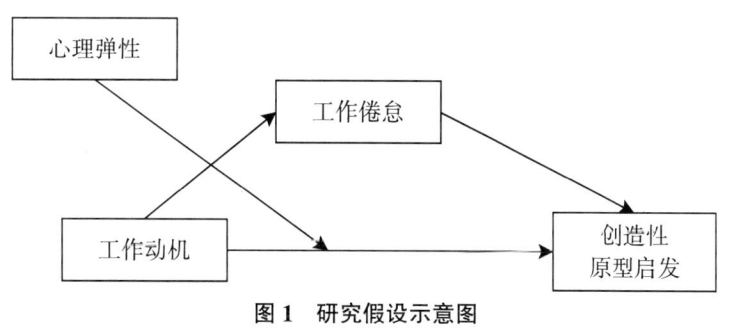

图1 研究假设示意图

二、研究方法

(一)研究对象

本研究的被试为成都某企业的员工,采取完全随机抽样的方式,共抽取了800名员工,并给他们发放研究问卷。回收了775份问卷,回收率为96.88%。进一步对漏选题目过多和答案呈现明显偏好的问卷予以剔除,最后剩余有效问卷726份,有效率为90.75%。其中,男性668人(92.1%),女性58人(7.9%);年龄在25岁及以下的有31人(4.3%),26~30岁的有520人(71.6%),31~35岁的有134人(18.5%),36岁及以上的有41人(5.6%);学历为初中及以下的有12人(1.6%),高中的有45人(6.2%),大专的有514人(70.8%),本科的有127人(17.5%),研究生及以上的有28人(3.8%)。

(二) 研究工具

采用 SPSS22.0 和 AMOS 进行统计分析。为避免经典参数检验中由于数据未满足正态分布和方差齐性的前提而导致犯错概率增加，本研究采用 Bootstrap 法对回归系数的显著性进行检验（本研究共构造 1000 个样本，每个样本容量均为 726 人）。

1. 工作动机量表（MAWS）

本研究选用 Gagné 等在 2010 年修订的工作动机量表（Motivation at Work Scale，MAWS）。该量表（MAWS）共分为四个维度，分别是内部动机、外在动机、认同动机和内摄动机。其中，外在动机、认同动机和内摄动机为外部动机，每个维度又包含 3 个题项，整个量表共 12 个题项。量表采用 Likert 7 级评分，被试根据每个题项与自身情况的符合程度进行评分，1 = "极不符合"、7 = "极其符合"，最后将维度内各个题项的分数加总获得该维度的得分，各维度得分之和为量表总分。本研究中验证性因素分析表明该量表结构效度良好：$\chi^2/df = 5.43$，GFI = 0.95，CFI = 0.96，TLI = 0.95，IFI = 0.96，RMSEA = 0.07。本研究中，该量表的 Cronbach's α 系数为 0.89。

2. 工作倦怠量表（MBI-GS）

本研究中用于测量工作倦怠的量表是李超平和时勘修订的适合中国国情的 MBI-GS 量表。该量表包括情绪耗竭、人格解体、成就感低落三个维度，共有 15 个题项。量表采用 Likert 7 级评分，被试根据每个题项与自身的符合情况进行评分，1 = "从不"，7 = "每天"，其中，情绪耗竭维度和人格解体维度为正向计分，成就感低落维度为反向计分。最后将维度内各个题项的分数加总获得该维度的得分，各维度得分之和为量表总分。本研究中验证性因素分析表明该量表结构效度良好：$\chi^2/df = 4.98$，GFI = 0.92，CFI = 0.95，TLI = 0.95，IFI = 0.95，RMSEA = 0.07。本研究中，该量表的 Cronbach's α 系数为 0.90。

3. 心理弹性量表（RS-11）

本研究采用高志华（2013）等修订的中文版心理弹性量表（RS-11），该量表共由 11 个题项组成，是一个单维度量表。量表采用 Likert 7 级评分，1 = "完全不同意"，7 = "完全同意"，被试根据每个题项与自身情况的符合程度进行评分，分数越高说明心理弹性越高。本研究中验证性因素分析表明该量表结构效度良好：$\chi^2/df = 5.14$，GFI = 0.95，CFI = 0.87，TLI = 0.85，IFI = 0.89，RMSEA = 0.07。本研究中，该量表的 Cronbach's α 系数为 0.78。

4. 经营管理情境中创造性问题解决的原型启发实验材料库

本研究对创造性原型启发的测量采用的是魏青青（2012）等编制的《经营管理情境中创造性问题解决的原型启发实验材料库》中的题目。如：

问题情境：

中国台湾地区的航空公司发现了一个问题：中国台湾每年飞往世界各地的人数在快速增加，旅客们在中国台湾境外的机场转机或乘机时，不得不在语言不同的国际机场重新换位、托运行李并需要多次重新办理登机手续，带来了许多麻烦和不便。

问题：航空公司用什么办法来解决旅客的这种麻烦，并通过便利措施吸引更多旅客出行时选择本公司呢？

原型：银联的 VISA 卡与全世界的主要银行联盟，实现业务和数据联通，让 VISA 卡用户在世界各地都可以实现刷卡、ATM 机存取款和转账业务。

答案：中国台湾地区可通过和世界主要地区航空公司联盟（加入联盟），实现业务联通，避免重复。

在具体施测的过程中，先给被试提供 4 道题目的问题情境，再提供打乱顺序的原型，最后请被试作答。请心理学专业相关研究团队的研究生对被试的答案进行评定，每题评分分为三个等级：

能将问题与原型匹配上,并且给出正确的解决方案,得 2 分;能将问题与原型匹配上,但是给出的方案无法解决问题,或没有方案,得 1 分;没有匹配上原型且没有提供方案,或者提供了方案但没有匹配上原型,得 0 分。得分越高,说明创造性原型启发的能力越强。

三、研究结果

(一)共同方法偏差的控制与检验

本研究采用自评问卷的方式收集数据资料,结果可能受共同方法偏差的影响。根据周浩和龙立荣(2004)的建议,在施测程序上进行控制,采用匿名方式进行测查,所用问卷中的部分条目使用反向题等。将收集的数据用 Harman 单因子检验法进行共同方法偏差检验,结果表明,未旋转和旋转后得到的 9 个因子的特征根都大于 1,未旋转得到的第一个因子解释的变异量为 25.85%,旋转得到的第一个因子解释的变异量为 13.50%,都远小于 40%的临界值,表明本研究不存在明显的共同方法偏差。

(二)各变量的平均数、标准差、相关矩阵和假设检验

表 1 各变量的平均数、标准差和相关矩阵

变量	M	SD	1	2	3	4	5
1. 工作倦怠	45.74	12.94	1				
2. 心理弹性	57.17	7.18	−0.45**	1			
3. 外部动机	12.86	3.15	−0.09*	0.06	1		
4. 内部动机	11.60	3.56	−0.59**	0.44**	0.17**	1	
5. 创造性原型启发	3.56	1.83	−0.27**	0.25**	0.09*	0.29**	1

注:*$p<0.05$;**$p<0.01$。

表 1 列出了各变量的平均数、标准差及相关矩阵。相关分析表明,工作倦怠与心理弹性、内外部动机、创造性原型启发均呈显著负相关,创造性原型启发与心理弹性、内外部动机均呈正相关,心理弹性与创造性原型启发、内部动机呈显著正相关,内部动机与外部动机正相关。由此可见,本研究所得数据结果适合进行后续的中介调节检验。

从表 2 可以看出,创造性原型启发能力在不同年龄组之间存在着极其显著的差异($p<0.01$),通过进一步的事后检验(LSD)发现,年龄在 25 岁及以下的被试组创造性原型启发能力显著高于其他年龄组的被试($p<0.05$),31~35 岁的被试组创造性原型启发能力高于 26~30 岁和 36 岁及以上的被试组。文化程度越高的被试创造性原型启发能力越强,但大专及以下水平的被试组间差异不显著,本科、硕士及以上水平被试组显著高于大专及以下水平被试组,硕士及以上水平被试组显著高于本科水平被试组。创造性原型启发能力在性别上无显著差异。

表 2 创造性原型启发能力的差异检验结果

	差异来源	平方和	自由度	均方	F	p
创造性原型启发能力	年龄	63.01	3	21.00	6.44	0.00
	文化程度	85.01	4	21.25	6.57	0.00

在表3中，由模型2、模型5、模型6可知，内部动机到工作倦怠的回归系数显著，内部动机与创造性原型启发的直接效应显著，工作倦怠到创造性原型启发的回归系数显著。同时，由模型3、模型7可知，内部动机与心理弹性的交互作用对创造性原型启发的预测作用显著，对工作倦怠的回归不显著。心理弹性显著负向预测工作倦怠，正向预测创造性原型启发。由此，工作倦怠部分中介内部动机对创造性原型启发的作用，心理弹性在内部动机与创造性原型启发之间起调节作用。进一步进行简单斜率分析发现（见图2），在低心理弹性的条件下，内部动机与创造性原型启发无关（B = 0.05，p > 0.05）；当心理弹性处于较高的水平时，内部动机对创造性原型启发有显著的正向预测作用（B = 0.15，p < 0.01）。

表3 内部工作动机与创造性原型启发的关系：有调节的中介模型检验

变量	M			Y			
	模型1	模型2	模型3	模型4	模型5	模型6	模型7
年龄	−0.04	−0.00	−0.01	−0.04	−0.06	−0.06	−0.04
性别	−0.11**	−0.09**	−0.08*	0.03	0.03	0.01	0.01
文化程度	−0.15***	−0.04	−0.01	0.19***	0.14***	0.13***	−0.12***
X		−0.58***	−0.48***		0.26***	0.18***	0.14***
W			−0.23***				0.12**
X×W			0.04				0.10**
M						−0.14**	−0.12**
调整 R^2	0.036	0.353	0.397	0.032	0.097	0.109	0.124
ΔR^2		0.316***	0.045***		0.066***	0.012**	0.018**
F	10.14	99.97	80.60	9.07	20.57	18.69	15.69

注：X、W、M、Y 分别代表内部动机、心理弹性、工作倦怠、创造性原型启发。所有预测变量的显著性检验采用 Bootstrap 法得到。*p < 0.05；**p < 0.01；***p < 0.001。

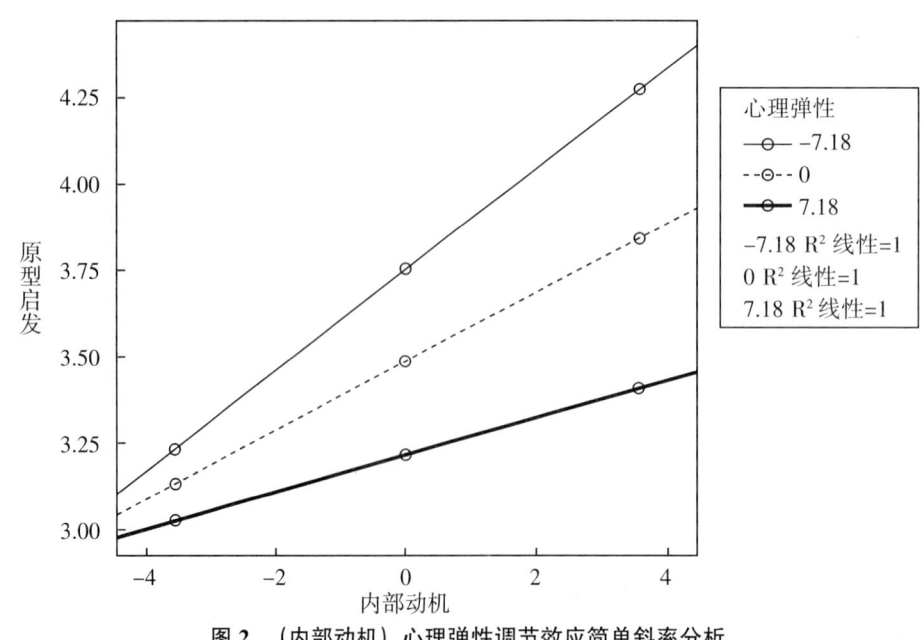

图2 （内部动机）心理弹性调节效应简单斜率分析

在表 4 中，由模型 2、模型 5、模型 6 可知，外部动机到工作倦怠的回归系数显著，外部动机与创造性原型启发的直接效应显著，工作倦怠到创造性原型启发的回归系数显著。同时，由模型 3、模型 7 可知，外部动机与心理弹性的交互作用对创造性原型启发的预测作用显著，对工作倦怠的回归不显著。心理弹性显著负向预测工作倦怠，正向预测创造性原型启发。由此，工作倦怠部分中介外部动机对创造性原型启发的作用，心理弹性在外部动机与创造性原型启发之间起调节作用。进一步进行简单斜率分析发现（见图 3），在低心理弹性的条件下，外部动机与创造性原型启发无关（B = 0.01，p > 0.05），在心理弹性较高的条件下，外部动机对创造性原型启发有显著的正向预测作用（B = 0.05，p < 0.01）。

表 4 外部工作动机与创造性原型启发的关系：有调节的中介模型检验

变量	M			Y			
	模型 1	模型 2	模型 3	模型 4	模型 5	模型 6	模型 7
年龄	−0.04	−0.05	−0.06	−0.04	−0.03	−0.04	−0.03
性别	−0.11**	−0.10**	−0.08*	0.03	0.03	0.01	0.01
文化程度	−0.15***	−0.09*	−0.04	0.19***	0.16***	0.14***	−0.13***
X		−0.41***	−0.30***		0.21***	0.13***	0.09*
W			−0.33***				0.12**
X×W			0.01				0.10**
M					−0.19**	−0.15***	
调整 R^2	0.036	0.203	0.296	0.032	0.097	0.109	0.124
ΔR^2		0.167***	0.095***		0.042***	0.029**	0.019**
F	10.14	47.08	51.76	9.07	15.32	17.23	14.75

注：X、W、M、Y 分别代表外部动机、心理弹性、工作倦怠、创造性原型启发。所有预测变量的显著性检验采用 Bootstrap 法得到。*p < 0.05；**p < 0.01；***p < 0.001。

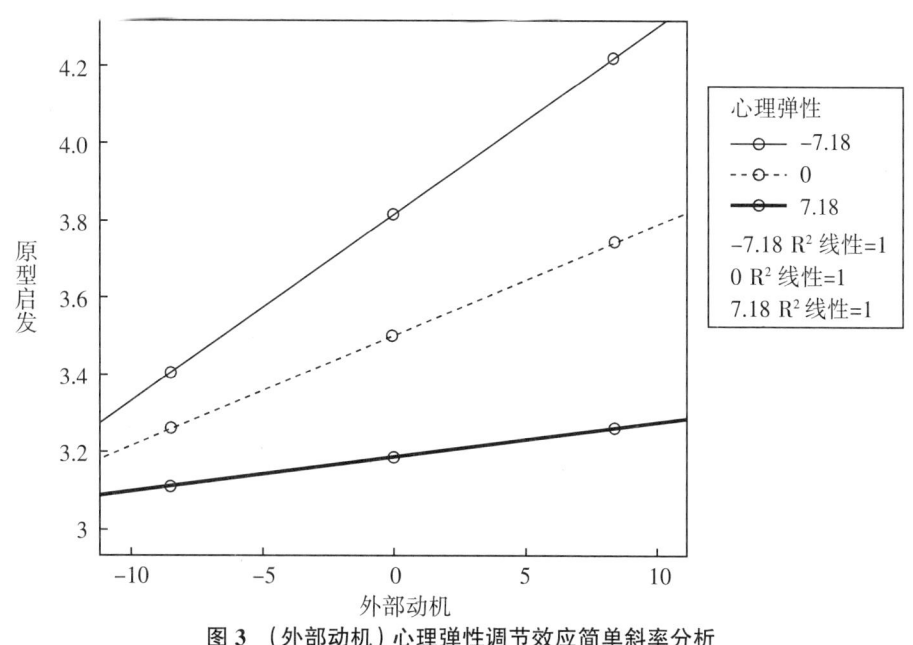

图 3 （外部动机）心理弹性调节效应简单斜率分析

（三）小结

以上研究结果发现，内部动机和外部动机均正向预测创造性原型启发，工作倦怠在工作动机与创造性原型启发之间起中介作用，心理弹性对工作动机与创造性原型启发的关系起调节作用。工作动机越高，工作倦怠越轻，创造性原型启发能力越强。对于高心理弹性的员工来说，工作动机越高，创造性原型启发能力越强，这种直接预测效应在心理弹性低的员工身上不显著。除此之外，员工的创造性原型启发存在年龄和文化程度上的差异。

四、讨 论

（一）研究启示

（1）本研究考察了工作动机对创造性原型启发的影响，结果发现内部动机能增强个体的创造性，同时得出外部动机也能增强个体的创造性。对于外部动机对创造性的影响目前尚未统一，基于自我决定理论的观点认为外部动机会抑制创造性，而 Eisenberger 等（1994）基于行为主义的观点认为奖励、晋升等外部影响因素能促进创造性。本研究得出的结论也证明外部动机能促进创造性原型启发。

内外部动机均能促进创造性原型启发，但内部动机的作用效果明显强于外部动机，即个体的内部动机增强比外部动机增强更能提高创造性原型启发的能力。有研究者已经发现，个体的内部动机越高，在解决问题时愉悦感、重要性、选择感、活动感受性越高，外部动机的内化程度越高，创造性原型启发效应越好（崔晶晶，2013）。Rogers（1954）认为，创造性产生有两个条件：心理安全与心理自由。个体的内部动机越高，自主感越高，更觉得所做出的行为是出于自己的选择，可能会更愿意面对随之而来的困难并不懈地为之努力，由此心理安全与自由感也越强。创造性原型启发包括两个过程，即启发原型和激活关键启发信息，分别是自动加工和控制加工的过程。心理自由感越强，在整个过程中思维更加灵活而专注，更有利于找到与问题情境相匹配的原型，在关键启发信息激活的阶段更能专注而持之以恒地指引当前问题的启发式搜索。外部动机对创造性原型启发的促进作用之所以比内部动机弱，是因为外部动机中除了自主性动机成分外，还存在控制性动机成分。自主性动机有助于创造性，而控制性动机通过外在促进因素产生作用，作用的时间短且强度有限。有研究认为，外在动机在此过程中还有可能导致注意力分散，造成个体追求外在奖励而想尽快完成任务，反而使得问题解决的进程变慢（崔晶晶，2013）。因此，外部动机对创造性原型启发不一定起抑制作用，也可能会有促进作用，只不过其作用效果弱于内部动机。

结合样本企业的企业文化、组织氛围、激励制度等，我们发现该企业将创新作为一个核心理念，为员工提供了一系列技能提升、技术创新的培训，在企业上下营造了鼓励创新、支持创新的氛围。在组织文化中强调创新时，员工会更多地表现出创新行为。若员工的创新行为能够得到组织、领导的支持，则更能引发积极影响（陈卫旗，2013；Ambile，1999）。由此可见，组织支持、组织创新氛围、创新激励等外部影响因素也是能够促进员工创造性的。所以，本研究认为内部动机和外部动机均有利于提升员工的创造性，在企业的管理实践中，管理者可以通过激发员工的动机来促进创造性的提升。

（2）本研究发现，工作倦怠在工作动机与创造性原型启发之间起中介作用，进一步的中介效应分析表明，工作动机通过工作倦怠正向影响创造性原型启发。已有的研究表明，工作倦怠能够引起焦虑、情绪低落、低自尊、药物滥用等状况，影响身心健康（Taris，2006）。当个体感觉到工作倦怠时，会对工作失去兴趣，并且伴随着情绪衰竭、人格解体、成就感低落等特点。有研究表明，情绪与个体的创造性之间存在密切的关系。当个体体验到积极的情绪时，将采用自上而下的信息加工方式，使个体以一个更宽广的视野来思考问题，提高思维的流畅性、开放性、灵活性以及独特性（Kaufmann，2003）。因此，降低员工的工作倦怠有利于他们在工作中获得更多的积极情绪体验，增强创造性。内部动机强调个体完成任务是出于对任务本身的兴趣和热爱，个体能从任务中获得积极的情绪体验，内部动机强的个体在工作中能够保持较大的热情，克服工作中的困难，较少地感到工作倦怠。外部动机则主要取决于外部影响因素，如奖励、晋升、绩效考评等。张剑（2016）的研究指出，外部动机并不一定都会削弱内部动机，当外部动机通过非内化的形式表现出来，外部动机的削弱效应是存在的，此时员工会将外部奖励和绩效评价看作压力与控制，降低工作成就感；当外部动机通过内化的形式表现出来，其削弱效应将不存在。由此我们可以认为企业提供的这些条件虽然属于外部影响因素，但由于满足了员工的心理需求，同时有利于员工以内化的形式表现出来，因而降低了员工的工作倦怠。

由此可见，给予企业的管理启示是企业应该采取一定的管理措施，完善岗位工作内容，激发员工对于本职工作的内部动机，同时采用合理的外部激励策略，促进外部动机的内化，为员工提供展示自身能力的机会，从工作中获得成就感，从而降低工作倦怠，促进创造性原型启发能力的提升。

（3）本研究还发现，心理弹性对工作动机与创造性原型启发的关系以及工作动机通过工作倦怠影响创造性原型启发这一中介模型都存在调节作用。创造性被认为是个体产生新颖的、实用的想法或产品的过程，它是一种复杂的认知活动，需要循环往复地验证、实践，最终形成可操作的想法，需要付出极大的意志和努力。在个体进行创造性活动的过程中，可能需要接受来自他人的质疑和批判。创造性思维与个体的个性特征有密切的联系，研究发现，好奇心、想象力、自信、有恒心和善于接受改变是创造性人格的重要组成部分（Nusbaum和Silvia，2011）。工作倦怠最主要的表现就是对工作采取消极的态度，而心理弹性能够增强积极情绪，对工作倦怠有缓冲作用。因此，我们认为心理弹性的调节作用主要表现在两个方面：首先，心理弹性会调节工作动机到创造性原型启发这一路径，工作动机能够正向影响创造性，同时心理弹性较高的个体在遇到创造性任务的挫折时，能较好地应对进而促进创造性原型启发。心理弹性越高，韧性越好，个体的认知灵活度与控制能力也越强，自然心理安全与自由感越多，加之能更有效地调动各种资源并进行新的组合，就更有利于创造性的发挥。其次，心理弹性高的个体，更能用积极情绪来驱散消极情绪，使自己从消极情绪中脱身并感染身边的其他人，有助于减缓工作倦怠中的情感衰竭和人格解体状况，由此保持更加积极、愉悦、开放的心态，有助于创造性原型启发。

因此，企业管理者还应注重员工的心理弹性，通过增强员工的心理弹性可以有效缓解员工的工作倦怠，改善员工身心健康，创造和谐友好的工作氛围，提高员工的创造性水平，从而更加激发员工的工作动机，为企业带来更多效益。

（二）研究意义

1. 理论意义

首先，对于工作倦怠、心理弹性在工作动机与创造性原型启发之间所起的作用的研究是极少的，所以本文在一定程度上能够丰富这一领域的研究，使人们对四者之间的关系有更全面的认识，同时对已有的相关研究起到更深入的探讨、证实和修正的作用，为后续的研究提供理论依据。其次，本研究立足于中国企业，研究对象为中国企业的员工，在一定程度上能够弥补以往对于创造性研究主要以大学生为被试的不足，并有助于创造性研究的本土化，所提出的研究结论也将更适用于中国国情，具有更高的生态效度。

2. 实践意义

在我国实现创新型国家的道路上，提升自主创新能力是核心战略。对于我国企业而言，为了在激烈的市场竞争中获得竞争优势，企业必须提升创新能力。员工作为企业创新的主体，激发、培养员工的创新能力十分关键。本研究立足于企业实际情况，探讨工作倦怠、心理弹性在工作动机与创造性原型启发之间的作用，能为企业管理者进行企业创新教育以及创新人才的培养提供思路，还能帮助个体认识到如何进行自我调整，从而更顺利地完成创造性任务。因此，本研究具有较强的实践意义。

（三）研究不足与展望

本研究存在的不足主要表现在以下几方面：首先，研究数据都是员工的自我报告，心理弹性、工作倦怠等可能会受到个体差异的影响，调研对象样本中男性的比例较大，这些可能会对研究结果产生影响。其次，研究中采用问卷调查是横断研究，要推断变量间的因果关系会存在一些局限，在今后的研究中可以采用纵向研究设计展开更深入的探讨，如日志法等。最后，在本研究中我们提到不同动机对创造性的影响是复杂的，虽然研究引入了新的变量，但可能也只是解释了一部分动机对创造性的影响，需要更进一步的理论支撑和实证证据。对创造性的测量有不同的侧重点，使用的量表也是千差万别，因此动机对创造性各方面的影响是否一致还需进一步考证。

五、结　论

本研究立足于当前人力资源管理实践中的热点问题，探讨员工工作动机与创造性原型启发之间的作用机制，将工作动机、工作倦怠、心理弹性和创造性原型启发当作一个整体，建立了一个模型。研究内容包括：工作动机对创造性原型启发的预测作用、工作倦怠的中介作用、心理弹性的调节作用、整体模型的验证。具体结果如下：

（1）内部动机和外部动机均能显著预测创造性原型启发。工作倦怠在工作动机与创造性原型启发之间起到部分中介作用，即工作动机通过工作倦怠对创造性原型启发产生影响。

（2）心理弹性对工作动机与创造性原型启发的直接关系有调节作用。当心理弹性较低时，工作动机与创造性原型启发的关系不显著；当心理弹性较高时，工作动机对创造性问题的预测作用显著。

[参考文献]

[1] 暴占光，张向葵. 自我决定认知动机理论研究概述［J］. 东北师大学报，2005（6）：142-147.

[2] 曹贵康，杨东，张庆林. 顿悟问题解决的原型事件激活：自动还是控制［J］. 心理科学，2006（5）：1123-1127.

[3] 陈卫旗. 组织创新文化、组织文化强度与个体员工创新行为：多层线性模型的分析［J］. 心理科学，2013（5）：1187-1193.

[4] 陈雪. 员工管理情境中创造性问题解决的原型启发效应［D］. 西南大学硕士学位论文，2015.

[5] 崔晶晶. 外部动机内化对经营管理情境中创造性问题解决的影响［D］. 西南大学硕士学位论文，2013.

[6] 高志华，杨绍清.Wagnild-Young 心理弹性量表（RS-11）中文版的信效度检验［J］. 中国健康心理学杂志，2013（9）：1324-1326.

[7] 龚正霞. 午睡剥夺对创造性问题解决中原型启发效应的影响［D］. 西南大学硕士学位论文，2011.

[8] 胡卫平，王兴起. 情绪对创造性科学问题提出能力的影响［J］. 心理科学，2010（3）：608-611.

[9] 李超平，时勘. 分配公平与程序公平对工作倦怠的影响［J］. 心理学报，2003（5）：677-684.

[10] 李霞. 知识型员工工作满意度与创造力的关系研究［D］. 北京交通大学硕士学位论文，2008.

［11］刘金波. 情绪与时间压力对经营管理情境中创造性问题解决的原型启发效应研究［D］. 西南大学硕士学位论文，2013.

［12］罗俊龙，覃义贵，李文福，朱海雪，田燕，邱江，张庆林. 创造发明中顿悟的原型启发脑机制［J］. 心理科学进展，2012（4）：504-513.

［13］罗俊龙. 创造性思维中原型启发促发顿悟的神经机制［D］. 西南大学博士学位论文，2012.

［14］邱江，张庆林. 创新思维中原型激活促发顿悟的认知神经机制［J］. 心理科学进展，2011（3）：312-317.

［15］邱江. 顿悟问题解决中原型激活的认知神经机制［D］. 西南大学博士学位论文，2007.

［16］任皓，温忠麟，陈启山，叶宝娟. 工作团队领导心理资本对成员组织公民行为的影响机制：多层次模型［J］. 心理学报，2013（1）：82-93.

［17］沈承春. 创造性问题解决中原型启发的情绪效应［D］. 西南大学硕士学位论文，2011.

［18］田燕，罗俊龙，李文福，邱江，张庆林. 原型表征对创造性问题解决过程中的启发效应的影响［J］. 心理学报，2011（6）：619-628.

［19］王冰，王卫平，牛利. 大学生村官自我效能感、工作动机和工作倦怠的关系［J］. 中国医疗前沿，2012（1）：82-83.

［20］王薇. 新就业员工工作倦怠、心理弹性与离职倾向的关系研究［D］. 华中师范大学硕士学位论文，2015.

［21］魏青青，张友欣，杨东，张华，张庆林. 经营管理情境中创造性问题解决的原型启发效应［J］. 西南大学学报（自然科学版），2015（2）：123-127.

［22］魏青青. 经营管理情境中创造性问题解决的原型启发效应及材料编制［D］. 西南大学硕士学位论文，2012.

［23］吴真真. 顿悟过程的原型启发机制［D］. 西南大学博士学位论文，2010.

［24］薛贵，董奇，周龙飞，张华，陈传生. 内部动机、外部动机与创造力的关系研究［J］. 心理发展与教育，2001（1）：6-11.

［25］于肖楠，张建新. 韧性（resilience）——在压力下复原和成长的心理机制［J］. 心理科学进展，2005（5）：658-665.

［26］张剑，张微，宋亚辉. 自我决定理论的发展及研究进展评述［J］. 北京科技大学学报（社会科学版），2011（4）：131-137.

［27］张庆林，邱江，曹贵康. 顿悟认知机制的研究述评与理论构想［J］. 心理科学，2004（6）：1435-1437.

［28］赵飞，龚少英，郑程，卢斯梅，李薇娜. 中学教师择业动机、职业认同和职业倦怠的关系［J］. 中国临床心理学杂志，2011（1）：119-122.

［29］周浩，龙立荣. 共同方法偏差的统计检验与控制方法［J］. 心理科学进展，2004（6）：942-950.

［30］朱丹，罗俊龙，朱海雪，邱江，张庆林. 科学发明创造思维过程中的原型启发效应［J］. 西南大学学报（社会科学版），2011（5）：144-149.

［31］朱海雪，罗俊龙，杨春娟，邱江，张庆林. 发明创造问题解决中的原型位置效应［J］. 心理科学，2012（1）：70-75.

［32］Abbas M. & Raja U. Impact of psychological capital on innovative performance and job stress［J］. Canadian Journal of Administrative Sciences/Revue Canadienne des Sciences de l'Administration，2015，32（2）：128-138.

［33］Amabile T. M. The social psychology of creativity: A componential conceptualization［J］. Journal of Personality and Social Psychology，1983，45（2）：357.

［34］Amabile T. M., Hill K.G., Hennessey B.A. & Tighe E.M. The work preference inventory: Assessing intrinsic and extrinsic motivational orientations［J］. Journal of Personality and Social Psychology，1994（66）：950-967.

［35］Cheng V. M. Y. Tensions and dilemmas of teachers in creativity reform in a Chinese context［J］. Thinking Skills & Creativity，2010，5（3）：120-137.

［36］Collins M. & Amabile T. M. Motivation and creativity-Handbook of creativity［M］. New York: Cambridge University Press，1999：297-312.

［37］Deci E. L. & Ryan R. M. The general causality orientations scale: Self-determination in personality［J］. Journal of Research in Personality，1985，19（2）：109-134.

[38] Dewett T. Linking intrinsic motivation, risk taking, and employee creativity in an R&D environment [J]. R&D Management, 2007, 37 (3): 197-208.

[39] Eisenberger R. & Selbst M. Does reward increase or decrease creativity? [J]. Journal of Personality and Social Psychology, 1994, 66 (6): 1116.

[40] Fernet C., Gagné M. & Austin S. When does quality of relationships with coworkers predict burnout over time? The moderating role of work motivation [J]. Journal of Organizational Behavior, 2010, 31 (8): 1163-1180.

[41] Gagne' M., Forest J., Gilbert M., Aube' C., Morin E. & Malorni A. The motivation at work scale: Validation evidence in two languages [J]. Educational and Psychological Measurement, 2010 (70): 628-646.

[42] H. Chan, A. Perrig & D. Song. Random key predistribution schemes for sensor networks [J]. Symposium on Security & Privacy, 2003, 98 (11): 197-213.

[43] Halbesleben J. R. & Bowler W. M. Emotional exhaustion and job performance: The mediating role of motivation [J]. Journal of Applied Psychology, 2007, 92 (1): 93.

[44] K. D. Burton, J. E. Lydon, D. U. D' Alessandro & R. Koestner. The differential effects of intrinsic and identified motivation on well-being and performance: Prospective, experimental, and implicit approaches to self-determination theory [J]. Journal of Personality and Social Psychology, 2006 (91): 750-762.

[45] Kaplan C. A. & Simon H.A. Search of insight [J]. Cognitive Psychology, 1990 (22): 374-419.

[46] Kaufmann G. Expanding the mood-creativity equation [J]. Creativity Research Journal, 2003, 15 (2-3): 131-135.

[47] Luthans F. Positive organizational behavior: Developing and managing psychological strengths [J]. The Academy of Management Executive, 2002, 16 (1): 57-72.

[48] Mac Gregror, Ormerod T. C. & Chronicle E. P. Dynamics and constraints in insight problem solving [J]. Journal of Experimental Psychology: Learning, Memory and Cognition, 2002, 28 (4): 791-799.

[49] Mahmoodi-Shahrebabaki M. Relationships between language teachers' time-management skills, creativity, and burnout: A mediation analysis [J]. Alberta Journal of Educational Research, 2015, 61 (1).

[50] Maslach C., Schaufeli W. B. & Leiter M. P. Job burnout [J]. Annual Review of Psychology, 2001, 52 (1): 397-422.

[51] Nusbaum E. C. & Silvia P. J. Are openness and intellect distinct aspects of openness to experience? A test of the O/I model [J]. Personality and Individual Differences, 2011, 51 (5): 571-574.

[52] Rogers C. R. Towards a theory of creativity [J]. ETC: A Review of General Semantics, 1954 (11): 249-260.

[53] Rutter M. Psychosocial resilience and protective mechanisms [J]. American Journal of Orthopsychiatry, 1987 (57): 316-331.

[54] Sternberg R. J., Amabile T.M., Lubart T.I., et al. (Eds). Handbook of creativity [M]. New York: Cambridge University Press, 1999: 23-34.

[55] Taris T. W. Is there a relationship between burnout and objective performance? A critical review of 16 studies [J]. Work & Stress, 2006, 20 (4): 316-334.

[56] Tugade M. M., Fredrickson B. L. & Barrett L. F. Psychological resilience and positive emotional granularity [J]. Journal of Personality, 2004 (72): 1161-1190.

How the Work Motivation Effects Creative Prototype Elicitation: A Moderated Mediation Model

WANG Ziyang MENG Xueping LU Chunhua ZHANG Hua YANG Dong

Abstract: In the fierce market competition, innovation is the core competitiveness of enterprises. As the principal part of enterprise innovation, employees' creativity is particularly important. Our study examines the relationship between employees' work motivation and creative prototype elicitation, and explores the mediating role of job burnout and the moderating role of psychological resilience. The results show that the work motivation of employees is a positive predictive of creative prototype elicitation. Job burnout plays a part of mediating role between employees' work motivation and creative prototype elicitation. Psychological resilience moderates the influence of employees' work motivation on creative prototype elicitation.

Key Words: Work Motivation; Prototype Elicitation; Creative Problem Solving; Job Burnout; Psychological Resilience

《人力资源管理评论》投稿须知

为了加强社会科学研究的学术规范，本书将认真执行《中国高等学校社会科学学报编排规范》以及《中文社会科学引文索引》(CSSCI) 的规范。投稿务必请注意以下事项：

（一）收稿范围。关注于人力资源管理的各个研究领域，并接受组织行为学、应用心理学等与人力资源管理结合较为紧密的学术研究成果。来稿必须具有创新性、学术性、准确性、规范性和可读性。本刊倡导严谨的学术作风，鼓励采用与国际学术惯例接轨的、规范的管理学研究方法。限中文投稿。

（二）字数要求。本刊不严格限定文章的长度，一般应不少于 8000 字。对篇幅较长的有重要学术价值的文章也持欢迎态度。

（三）请将作者姓名、出生年份、性别、职称、学位、工作单位、通信地址、邮政编码、联系电话、传真和 E-mail 等信息全部集中在独立于正文的首页。文稿正文中务必避免出现影响匿名审稿的信息。作者在投稿时必须承诺只投本书，并注明"专投贵书，绝不一稿多投"。投稿请同时采用电子邮件和纸质邮寄两种方式。以纸质稿件收到为准。

（四）来稿请用 A4 纸打印，上下左右留足空白，请勿正反双面打印；中文请用 5 号宋体，英文请用 5 号 Times New Rowan 字体，行距为 1.5 倍。

（五）文章题目一般不超过 20 个汉字，必要时可加副标题。请附不超过 200 字的中文摘要、3~6 个中文关键词，以及中图分类号和文献标识码。

（六）出自国家、省部级基金及其他重大或重要科研项目的文章，请注明项目名称和编号，以及项目主持人姓名和职称。

（七）注释采用页下注形式，集中放在正文后面、参考文献之前，以"①"形式标注序号。

（八）本刊参考文献一律列于文末，以"[1]"的形式标注序号。参考文献请在题名后注明文献类别（专著 [M]、论文集 [C]、报纸文章 [N]、期刊文章 [J]、学术论文 [D]、报告 [R]、标准 [S]、专利 [P]、电子文献 [EB/OL]）。文献著录格式如下：

（1）期刊文章：[序号] 主要责任者. 文献题名 [J]. 刊名，年，卷（期）：起止页码. 英文期刊参考文献按下例书写：[1] Speckman R. E., Hesterly J. M. Alliance Management: A View from the Past and a Look to the Future [J]. Journal of Management Studies, 1998, 35 (6): 102–110.

（2）著作：[序号] 主要责任者. 文献题名 [M]. 出版地（城市）：出版者，出版年份. 英文著作引文举例：[2] Tom A. Stewart. Intelligent Capital: The New Wealth of Organizations [M]. London: Nicholas Bbready, 1997.

（3）报纸文章：[序号] 主要责任者. 文献题名 [N]. 报纸名，出版日期（版次）.

（4）论文集析出文章：[序号] 析出文献主要责任者. 析出文献题名 [C]. 原文献主要责任者. 原文献题名. 出版地（城市）：出版者，出版年份. 英文论文集引文举例：[3] Hewison K. Emerging Social Forces in Thailand [C] // Robison R., Goodman D. S. G. The New Rich in Asia: Mobile Phones, McDonald's and Middle-class Revolution. London: Routledge, 1996.

（5）译著：[序号]（国家或地区名）主要责任者. 文献题名 [M]. 译者. 出版地（城市）：出版

者，出版年份.

（6）电子文献：主要责任者. 电子文献题名［EB/OL］. 发表或更新日期，文献出处或可获得网址.

（九）来稿若含有数学公式、表格、曲线图及其他图表，请用计算机编写相关内容，并务必保证其中的符号、数字、文字、图线清晰规范，以便本书排录时直接按原样扫描。图表请勿使用彩色和阴影背景，但务必标明名称和资料来源；表格尽可能采用三线开放式。

（十）本刊编辑部在收到打印稿以后正式启动审稿程序。三个月后稿件若未被采用，可以另行处理。本刊不收审稿费、版面费。

（十一）本刊对被采用稿件可进行编辑修改，若不同意请在来稿中注明。所载论文的版权属本书编辑部所有，其他媒体转载需征得本书编辑部同意，本书亦可向其他数据库推荐。

（十二）稿件一经采用，酌付稿酬，并赠阅本书两册。

《人力资源管理评论》编辑部

《人力资源管理评论》征稿通知

近年来，我国人力资源管理学科和学术研究发展迅速。从事人力资源管理研究的人员数量逐步增加，研究水平也逐步得到提高。此时，我们迫切需要一本展现学者研究成果、联结海内外人力资源管理学界并且与国际惯例接轨的学术著作。基于此，南京大学商学院于2010年正式创办《人力资源管理评论》（论文集）（由经济管理出版社出版发行），致力于把本书办成国内最权威、在国际有一定影响力的人力资源管理专业领域学术读物，推动海内外的人力资源管理学术研究及学术交流，为人力资源管理学者提供沟通、交流和研究成果发表的平台。

目前，《人力资源管理评论》关注人力资源管理的各个研究领域，并接受组织行为学、应用心理学等和人力资源管理结合较为紧密的学术研究成果。本书倡导严谨的学术作风，鼓励采用与国际学术惯例接轨的、规范的管理学研究方法。特别鼓励并欢迎瞄准人力资源管理学科前沿科学问题的基础研究和应用基础研究，重视理论创新和新知识发现与创造的研究，重视通过实证分析、案例研究与现场观察实验研究相结合的科学积累与发现的研究，重视从中国管理实践中凝练科学问题，开展有潜在社会应用价值的研究。

欢迎海内外学者不吝赐稿。本书的编辑政策为：①本书为中文读物，暂不接受英文论文。②作者的投稿应是未在其他期刊或论文集中公开发表过的作品，请在来稿中明确说明所投论文系专投稿，不存在一稿多投问题。③采取编辑部初审、专家匿名复审、编委会终审的评审机制，评审结果将在收到稿件的三个月内通知作者。④稿件如被录用，会通知作者按照本书的编辑体例做最终的修改定稿。⑤本书不收取任何形式的审稿费和版面费。

排版格式要求：参见本书投稿须知（http://nubs.nju.edu.cn/research.php/R）。

本书的联系方式为：江苏省南京市汉口路22号南京大学商学院《人力资源管理评论》编辑部，邮编：210093；E-mail：jhrm@nju.edu.cn；电话：025-83621285，83621051。

《人力资源管理评论》编辑部

图书在版编目（CIP）数据

人力资源管理评论.2016年.第1辑/赵曙明主编.—北京：经济管理出版社，2017.7
ISBN 978-7-5096-5158-2

Ⅰ.①人⋯　Ⅱ.①赵⋯　Ⅲ.①人力资源管理—研究　Ⅳ.①F243

中国版本图书馆CIP数据核字（2017）第126703号

组稿编辑：申桂萍
责任编辑：侯春霞
责任印制：司东翔
责任校对：雨　千

出版发行：经济管理出版社
　　　　　（北京市海淀区北蜂窝8号中雅大厦A座11层　100038）
网　　址：www.E-mp.com.cn
电　　话：（010）51915602
印　　刷：三河市延风印装有限公司
经　　销：新华书店
开　　本：880mm×1230mm/16
印　　张：5.25
字　　数：150千字
版　　次：2017年7月第1版　2017年7月第1次印刷
书　　号：ISBN 978-7-5096-5158-2
定　　价：20.00元

·版权所有　翻印必究·
凡购本社图书，如有印装错误，由本社读者服务部负责调换。
联系地址：北京阜外月坛北小街2号
电话：（010）68022974　　邮编：100836